Kauderwelsch

Band 1

Die
**Peter Rump Verlags- und Vertriebsges. mbH**
ist Mitglied der
Verlagsgruppe
REISE KNOW-HOW

**Kauderwelsch**

# Indonesisch für Globetrotter

**Gunda Urban**

**Lain desa - lain adat,**
**lain sawah - lain belalang.**

Anderes Dorf - andere Tradition,
anderes Reisfeld - andere Heuschrecken.

(indonesisches Sprichwort)

**Kauderwelsch Band 1**
**Indonesisch für Globetrotter**
**von Gunda Urban**

**Reise Know-How Verlag Peter Rump GmbH**
Hauptstraße 198
D-4800 Bielefeld 14
(ab 1.7.93: 33647 Bielefeld)

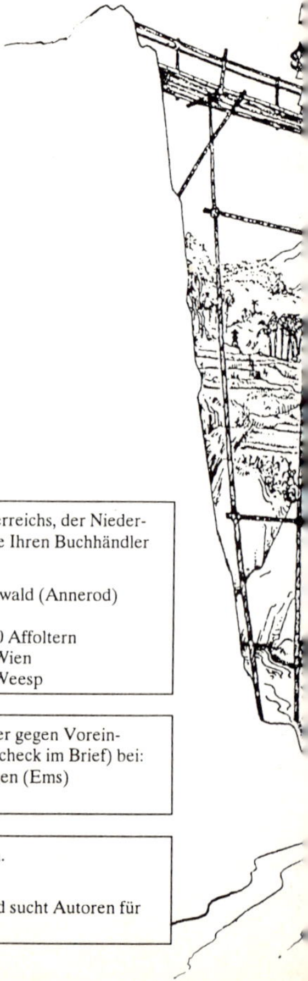


7. Auflage 1993
ISBN 3-922376-04-5



**Konzeption:**
Peter Rump

**Gestaltung:**
Peter Rump

**Fotos:**
Gunda Urban

**Druck, Bindung:**
Fuldaer Verlagsanstalt GmbH, Fulda

PRINTED IN GERMANY



■ Zu diesem Buch ist eine **Tonband-Kassette** erschienen. Näheres dazu steht auf Seite 10.

■ Der Verlag will die Kauderwelsch-Reihe ausbauen und sucht Autoren für BALINESISCH, ARMENISCH, PASHTO u. a.

# Inhalt

## Kauderwelsch - Sprechführer sind anders!

Warum? Weil sie Sie in die Lage versetzen, wirklich zu sprechen und die Leute zu verstehen.

Wie wird das gemacht? Abgesehen von dem, was jedes Sprachbuch bietet, nämlich Vokabeln, Beispielsätze etc., zeichnen sich die Bände der Kauderwelsch-Reihe durch folgende Besonderheiten aus.

- Die **Grammatik** wird in einfacher Sprache so weit erklärt, daß es möglich wird, ohne viel Paukerei mit dem Sprechen zu beginnen, wenn auch nicht gerade druckreif.
- Alle Beispielsätze werden doppelt ins Deutsche übertragen: zum einen **Wort-für-Wort,** zum anderen in "ordentliches" Hochdeutsch. So wird das fremde Sprachsystem sehr gut durchschaubar. Denn in einer fremden Sprache unterscheiden sich z. B. Satzbau und Ausdrucksweise recht stark vom Deutschen. Ohne diese Übersetzungsart ist es so gut wie unmöglich, einzelne Wörter in einem Satz auszutauschen.
- Die **Autoren** der Reihe sind Globetrotter, die die Sprache im Land selbst gelernt haben. Sie wissen daher genau, wie und was der einfache Mann auf der Straße spricht. Dessen Ausdrucksweise ist nämlich häufig viel einfacher und direkter als z. B. die Sprache der Literatur.
- Besonders wichtig sind im Reiseland die **Körpersprache, Gesten, Zeichen und Verhaltensregeln,** ohne die auch der beste Sprecher kaum mit Leuten in guten Kontakt kommt. In allen Bänden der Reihe wird darum besonders auf diese Art der nonverbalen Kommunikation eingegangen.

**Kauderwelsch-Sprachführer sind keine Lehrbücher, aber viel mehr als Sprachführer!** Wenn Sie ein wenig Zeit investieren und einige Vokabeln lernen, werden Sie mit ihrer Hilfe in kürzester Zeit Informationen bekommen und Erfahrungen machen, die "taubstummen" Touristen verborgen bleiben.

# Vorwort

Wie jeder Reisende weiß, erwächst aus der Möglichkeit sich in der jeweiligen Landessprache verständlich zu machen eine Reihe völlig anderer, intensiver Erfahrungen und Erlebnisse.

Schon einige Brocken der Sprache reichen, um mit den Menschen näheren Kontakt zu bekommen, zur richtigen Zeit zum richtigen Ort zu gelangen, die landesüblichen Preise zu bezahlen. Die einheimische Sprache öffnet dem Reisenden Türen, die jedem "stummen Touristen" verschlossen bleiben. Wenn Du nach Indonesien fährst, wirst Du feststellen, daß außerhalb der Touristenzentren kaum noch Englisch gesprochen wird. Du wirst zwar immer noch mit einem freundlichen "Hello Mister" begrüßt oder es sagt jemand zu Dir in bewundernswert fließendem Englisch "May I introduce myself", aber damit ist der englische Wortschatz Deines Gesprächspartners in der Regel erschöpft.

Willst Du Dich in nicht–touristischen Gebieten aufhalten und dort nicht stumm lächelnd vor den Einwohnern stehen, ist es ratsam, ein Minimum der Sprache zu beherrschen.

Das ist der Grund, aus dem dieses Büchlein gemacht wurde. Besonders in Indonesien, mit seinen hunderten von Sprachen und Dialekten, hilft dem Reisenden dieser Sprachführer, sich in der nationalen Sprache **Bahasa Indonésia** verständlich zu machen.

Der Schwerpunkt dieses Buches liegt auf der Vermittlung effektiver Kommunikation, nicht auf Grammatikballast und Touristenphrasen.

Wichtig ist, daß man versteht und verstanden wird, weniger, ob der gesprochene Satz grammatikalisch richtig ist.

# Über die Sprache

Die Republik Indonesien ist nicht nur reich an Inseln (ca. 13.500), sondern auch reich an unterschiedlichsten Völkern und Volksgruppen. Über 250 verschiedene Sprachen (von Dialekten einmal ganz abgesehen) werden heute in Indonesien gesprochen. Die wichtigsten sind Javanisch, Sundanesisch, Maduresisch, Makassar, Balinesisch u.a.

Aber ein moderner Staat braucht eine einheitiche Kommunikationsmöglichkeit. Als man 1945 die Unabhängigkeit ausrief hätte man Holländisch zur Nationalsprache machen können, doch mit den ehemaligen Kolonialherren wollte man nichts mehr gemein haben. Schon 1928 hatte der 2. Indonesische Jugendkongress erstmals eine einheitliche Nationalsprache gefordert: **"Satu nusa, satu bangsa, satu bahasa"** (ein Land, ein Volk, eine Sprache). Und daran erinnerte man sich nun: **Bahasa Indonésia** wurde zur National-Sprache erklärt.

Diese "Sprache Indonesiens" ist eine Mischung unterschiedlichster Sprachen, basiert aber größtenteils auf der Handelssprache "Malayu kuno", die über Jahrhunderte im gesamten Archipel verstanden und gesprochen wurde, von Malaysia bis Sulawési. Sprachwissenschaftlich gehört Bahasa Indonésia (wie auch Bahasa Malayu, die Nationalsprache Malaysias) zur Familie der "austronesischen Sprachen", wie auch z.B Maori, Tagalog, Madegassisch oder Hawaiisch. Allerdings ist es keine "Muttersprache", sondern wird in der heutigen Form überall als Zweitsprache erlernt. In allen indonesischen Schulen ist sie neben der jeweiligen Muttersprache Pflichtfach ab dem 1. Schuljahr. So kann es Dir passieren, daß Du in abgelegenen Gegenden, in denen die Leute nicht zur Schule gegangen sind, selbst mit der Nationalsprache Verständigungsschwierigkeiten hast. Allerdings, zumindest der Bürgermeister muß Bahasa Indonésia sprechen, sonst hätte er sein Amt nicht bekommen können.

Ursprünglich benutzte man die holländische Schreibweise des Indonesischen aber auch dieses letzte Sprachrelikt der Kolonialzeit wurde abgeschafft: 1972 wurde eine Rechtschreibreform durchgeführt, seither werden die Wörter in **Malaysia** und **Indonesien** gleich geschrieben.

Da sich auch Vokabeln und Grammatik der jeweiligen Landessprache kaum unterscheiden, wirst du dich auch in Malaysia ohne Probleme mit Bahasa Indonesia verständigen können, obwohl dort der Anteil der Leute, die Englisch sprechen, viel größer ist.

## Gebrauchsanweisung

Ich habe versucht, diesen Sprechführer so einfach wie möglich zu gestalten, damit Du direkt nach der Lektüre beginnen kannst, Dich zu unterhalten.

- Als Deutschsprachiger wird Dir das Erlernen der Indonesischen Sprache nicht schwerfallen. Die Aussprache ist fast identisch, ebenfalls die Wortstellung. Außerdem gibt es so gut wie gar keine grammatikalischen Schwierigkeiten (z.B. keine Zeiten, keine Konjugation von Verben, das Hilfsverb "sein" fehlt). Dem Erlernen steht also nicht viel im Wege. Das Buch beginnt mit der **Aussprache** und den einfachen **Grammatikregeln**.

- Der Rest des Buches bietet Kapitel, die sich mit verschiedenen Situationen befassen, in die Du zwangsläufig geraten wirst. Hier habe ich Wert auf einfache Sätze gelegt, mit denen Du aber trotzdem die gewünschten Informationen erhältst. Die deutsche Übersetzung ist jeweils eine getreue **Wort-für-Wort-Übersetzung**, die Dir ermöglicht, schnell eigene Sätze zu bilden, ohne ganze Phrasen auswendig lernen zu müssen.

- Der indonesische Satz ist stets richtig formuliert, was man von der direkten Deutschen Übersetzung nicht behaupten kann, aber so ist es einfacher, die Strukturen der Sprache zu durchschauen und zu lernen.

- Im **Anhang** befindet sich ein Vokabular von ca. 1.000 Wörtern, die für eine Basisunterhaltung ausreichen. Wer diese Wörter beherrscht, kann sich auch in den abgelegensten Gebieten Indonesiens verständlich machen.

## Aussprache und Betonung

Auf die richtige Aussprache mußt Du besonders achten. Schon bei kleinen Aussprachefehlern, kann es zu fürchterlichen Mißverständnissen kommen, weil Wörter und Sätze plötzlich eine andere Bedeutung bekommen. Sprichst Du mit einem Indonesier und er versteht Dich nicht, wiederhole Deinen Satz einfach ein paar Mal mit unterschiedlichen Betonungen, bis sich Zeichen des Verständnisses bei Deinem Gegenüber zeigen.

Ideal wäre es, dieses Büchlein mit einem Indonesier zusammen durchzulesen und dabei die richtige Aussprache und Satzbetonung zu lernen.

Normalerweise wird die vorletzte Silbe betont, z.B.: **dimana** (wo) oder **nasi** (Reis). Enthält die vorletzte Silbe aber ein "stummes" **e**, betont man im allgemeinen die letzte Silbe, z.B.: **kecil** (klein). Wenn das **e** gesprochen werden muß, kennzeichne ich es mit einem Akzent **(é).**

- Im Gespräch oder durch Zuhören bekommt man ziemlich schnell ein Gefühl dafür, wann was zu betonen ist, später geht's dann automatisch.

- Bei den Vokalen und Konsonanten gibt es kaum Schwierigkeiten, bis auf die nun folgenden, werden sie wie im Deutschen ausgesprochen.

### Kauderwelsch-Kassette

Falls Sie sich die Sätze, die in diesem Buch vorkommen, einmal von einem Einheimischen gesprochen anhören möchten, dann können Sie sich die **Kauderwelsch-Begleitkassette** zu diesem Buch besorgen. Jeder Buchhändler kann sie beziehen. Sie bekommen sie aber auch beim Peter-Rump-Direktversand. Die Adresse steht vorne im Impressum. Kostenpunkt: DM 16.80 incl. Porto und Verpackung

| | | |
|---|---|---|
| c | wie tsch "Matsch" | **cinta** (Liebe), ausgesprochen: tschinta (früher wurde, anstatt c, tj geschrieben). |
| é<br>e | denken<br>denken | das gesprochene e ist durch einen Akzent gekennzeichnet<br>das "unbetonte" e wird häufig ganz verschluckt: **berapa,** Aussprache: brapa. |
| j | wie dsch "Dschungel" | **Jakarta,** ausgesprochen: Dschakarta, (alte Schreibweise: **dj**). |
| ch | wie in "lachen" | alte Schreibweise **kh** |
| ng | wie in "ging" | das "g" wird hier nicht gesprochen: **Sayang**, Aussprache: sajan |
| ngg | wie unser"ng" "Sänger" | **tanggal** (Datum), ausgesprochen: tangal |
| ny | wie "nj" (Sonja) | **nyonya** (Frau), ausgesprochen: njonja |
| p | oft wie "f" | z.B. **inpluénza** = influénza |
| r | wie "rrr" | immer "rollend" |
| s | wie"ss" Kasse | immer "scharf" |
| u | wie unser "u" | alte Schreibweise: **oe** |
| w | wie "water" im englischen | "waktu" die Zeit |
| y | wie unser "j" "Jäger" | **yang** (welche), ausgesprochen: jang |

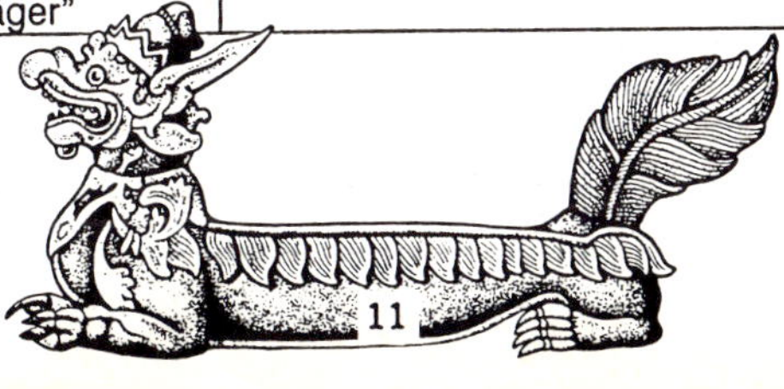

## Drei Wörter, die Dir weiterhelfen

Damit du gleich einen Erfolg siehst, habe ich Dir drei Wörter aufgeschrieben, mit denen Du schon eine ganze Menge Situationen meistern kannst.

### "Ada"

**"Ada"** heißt "es gibt". Verwenden kannst Du es als Frage wie im Deutschen, zum Beispiel:

**Ada kamar, ...losmen, ...téh, ...kopi,**
**...makanan, ...minuman?**
Gibt es Zimmer, ...Losmen, ...Tee, ...Kaffee ...Essen, ...Trinken? (alles einsetzen, was Du möchtest, im Wörterbuch nachgucken).

Das ist zwar nicht immer korrektes Indonesisch, aber Du wirst mit Sicherheit verstanden.

Die drei möglichen Antworten folgen jetzt:

**ya, ada** = ja, gibt (es)
**tidak ada** = nein, gibt es nicht

Oder ein unverständlicher Wortschwall bricht auf Dich herein. Aber Du kannst gleich mit dem zweiten Brocken kontern, den Du jetzt lernst:

## "Mau"

**Saya mau kamar, ...losmen, ...téh, ...kopi!**
Ich möchte (will) ......s.o.!
oder **Saya tidak mau .......**
*Ich nein möchten,(wollen) .......*

Jetzt kannst Du also schon eine Frage stellen und Deine Wünsche äußern. So einfach ist das.

Wichtig ist es natürlich auch, Transportmittel zu finden und ausdrücken zu können, wo man hin will. Aber das kannst Du auch schon:

Frage: **Ada bis ke Jakarta?**
*Gibt (es) Bus nach Jakarta?*
Antwort: **Ya, ada** oder **Tidak, ada**
*Ja, gibt es* oder *Nein, gibt es nicht*

## "Dimana?"

Frage: **Dimana ada setasiun bis?**
*Wo gibt (es) Station Bus?*

Bei der Antwort mußt Du Dich auf die Handzeichen konzentrieren. (Du kannst natürlich auch schon mal lernen, was links **(kiri)** oder rechts **(kanan)** heißt. Ich empfehle Dir trotzdem, immer wieder verschiedene Leute nach dem Weg zu fragen, da die Antworten sehr unterschiedlich ausfallen können. Doch irgendwann wirst Du die **setasiun bis** (= Busstation) erreicht haben und denken: "Indonesisch ist gar nicht so schwer".

Vokabeln, die gerade vorkamen:

| | | | |
|---|---|---|---|
| **ada** | gibt es | **makanan** | Essen |
| **bis** | Bus | **mau** | möchten |
| **dimana** | wo | **minuman** | das Getränk |
| **kanan** | rechts | **rumah** | Haus |
| **ke** | nach | **saya** | ich |
| **kiri** | links | **setasiun bis** | Busstation |
| **kopi** | Kaffee | **téh** | Tee |
| **losmen** | Pension | **tidak** | nein |
| | | **ya** | ja |

Nach diesem Einstieg bist Du sicher bereit Dich auf ein kleines bißchen mehr Grammatik einzulassen.

Vokabeln, die gleich vorkommen:

| | |
|---|---|
| **Ibu** | Mutter |
| **Nona** | Fräulein |
| **Nyonya; Ibu** | Frau; Mutter |
| **Tuan** | Herr |
| **Bapak, Pak** | Vater (Anrede) |
| **abang** | älterer Bruder |
| **adik, dik** | jüngere Schwester, – Bruder |
| **anak** | Kind |
| **anak perempuan** | Tochter; Mädchen |
| **anda** | du |
| **ayah** | Vater (leiblich) |
| **banyak** | viel |
| **barang** | Ware |
| **dia** | er, sie |
| **goréng** | gebraten |
| **kakak, kak** | ältere Schwester |
| **kami; kita** | wir |
| **mata** | Auge |
| **mata – mata** | Spion |
| **meréka** | sie (Mehrzahl) |
| **nasi** | Reis (gekocht) |
| **orang** | Mensch |
| **orang jérman** | Deutscher |
| **orang laki – laki** | Mann |
| **orang perempuan** | Frau |
| **rumah** | Haus |
| **saudara** | Sie |
| **sedikit** | wenig |
| **semua** | alle |
| **saya** | ich |
| **makan** | essen |
| **aku** | ich (alte Form) |

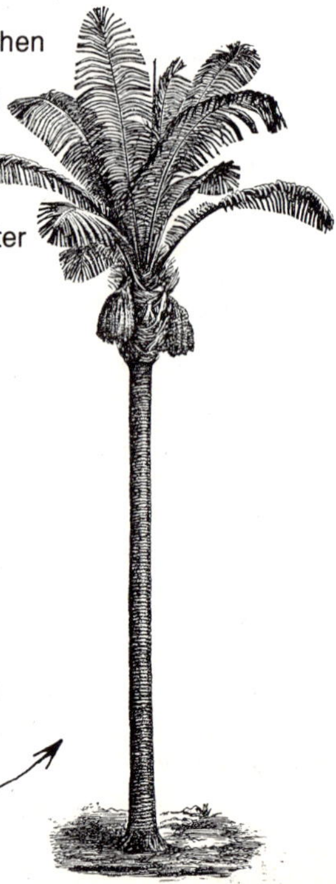

pohon kelapa

# Hauptwörter

## Artikel

Artikel wie: der, die, das, ein, einer, eines, u.s.w. gibt es in der indonesischen Sprache nicht.

## Mehrzahl

Das Hauptwort bleibt in Ein- und Mehrzahl unverändert:

**rumah** heißt Haus und auch Häuser

Durch unbestimmte Mengenangaben oder Zahlwörter kannst Du den Plural ersichtlich machen. Mengenangaben stehen **vor** dem Substantiv!

**Saya mau banyak** (viel) **makanan** (Essen)
**sedikit** (wenig)
**semua** (alles)

Sprichst Du über Autos im allgemeinen wird aus **mobil** = Auto, **mobil – mobil** = Autos, aus **barang** = Ware, **barang – barang** = Waren. Das Hauptwort wird also verdoppelt. Solche Verdoppelungen sind allerdings mit Vorsicht zu genießen, da wird z.B. aus

**mata** = Auge **mata – mata** = Spion
**kuda** = Pferd **kuda – kuda** = unbeweglich, unverrückbar (wie ein stehendes Pferd)

Um die Verwirrung komplett zu machen gibt es auch noch Substantive die ausschließlich in dieser verdoppelten Form existieren:

**kupu – kupu** = Schmetterling, e
**biri – biri** = Schaf, e
**anai – anai** = Termite, n
**undang – undang** = Gesetz, e

Geschrieben sieht die Verdoppelung oft so aus:
**gado$^{2}$** oder **gado 2**. Sprich: **gado – gado** (Gemüsegericht mit Erdnußsoße). Auch bei Untertiteln im Kino und Fernsehen wirst Du diese Abkürzung **häufig sehen.**

## Zusammengesetzte Hauptwörter

z.B.: **pintu rumah** *(Tür Haus)* = Haustür

Du siehst, es funktioniert genau anders herum wie im Deutschen. Noch mal:
**doktor rumah sakit** *(Doktor Haus Krank)* Krankenhausdoktor

Es gibt im Indonesischen Wortzusammensetzungen, die zu einem bestimmten, unveränderbaren Ausdruck oder Hauptwort geworden sind. Diese muß man leider auswendiglernen. Einige Beispiele:

| | | |
|---|---|---|
| **matahari** | = Sonne | **mata** (Auge), **hari** (Tag) |
| **surat kabar** | = Zeitung | **surat** (Brief), **kabar** (Nachricht) |
| **sakit hati** | = gekränkt | **sakit** (krank), **hati** (Leber) |
| **mabuk laut** | = seekrank | **mabuk** (betrunken), **laut** (Meer) |
| **besar mulut** | = frech, unverschämt | **besar** (groß), **mulut** (Mund) |
| **datang bulan** | = Periode (Menstruation) | **datang** (ankommen), **bulan** (Monat, Mond) |

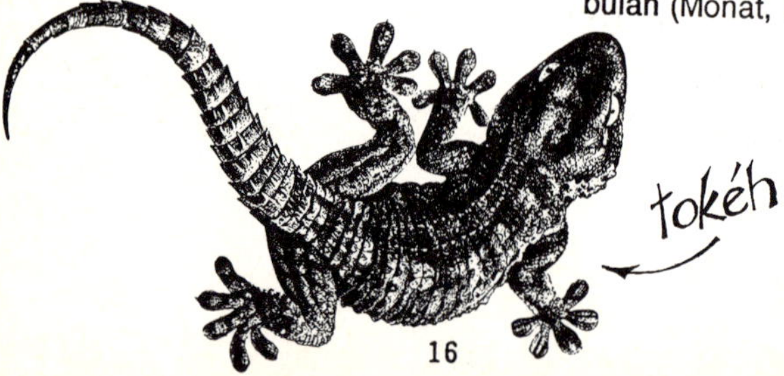

# Persönliche Fürwörter

| | |
|---|---|
| **saya** | ich, gebräuchliche Form |
| **aku** | ich, wird bei Kindern, Verwandten oder engen Freunden benutzt |
| **kamu** | du, sehr vertraulich, beide Anredeformen werden |
| **engkau** | nur im Bekannten–, Freundes– und Familienkreis benutzt. |
| **anda** | du, neutrale, höfliche Anrede. Da es für uns Besucher häufig schwierig ist, die passende Form zu finden, bedient man sich am besten dieses "neumodischen" Wortes. |
| **dia** | er, sie |
| **kami** | wir, wenn der Angesprochene ausgeschlossen ist |
| **kita** | wir, wenn der Angesprochene mit einbezogen ist |
| **kamu** | ihr |
| **meréka** | sie, Mehrzahl |

Oft werden anstelle von persönlichen Fürwörtern Anreden benutzt:

| | | |
|---|---|---|
| **Bapak** | Vater/Herr | ersetzen das höfliche "Sie" |
| **Nyonya** | Frau | |
| **Nona** | Fräulein | |
| **Ibu** | Mutter | |
| **adik** | Bruder | diese Ersatzwörter werden als vertrauliche Anreden im Sinne von "Du" benutzt |
| **kakak** | Schwester | |
| **mas** | Mann, Bruder | |

**Yu** hört man in letzter Zeit immer häufiger. Es entspricht dem englischen "you", wird aber ausschließlich westlichen Touristen gegenüber angewendet. Du solltest es **nicht** als Anrede für Indonesier benutzen.

**Beliau** ist die höflichste Anrede überhaupt und wird gegenüber Ministern, Fürsten u.ä. verwendet. Vergleichbar mit dem deutschen "Hochwohlgeboren".

# Besitzanzeigende Fürwörter

Mit den oben genannten Fürwörtern bildet man auch die besitzanzeigende Form.

Das persönliche Fürwort steht dann direkt hinter dem Substantiv. "Ich" wird "Mein". Also:

| | | | |
|---|---|---|---|
| **nasi saya** | mein Reis | **nasi kami** | unser Reis |
| **nasi anda** | Dein Reis | **nasi kita** | unser Reis |
| **nasi saudara** | Ihr Reis | **nasi saudara** | euer Reis |
| **nasi dia** | ihr Reis | **nasi meréka** | ihr Reis |

Im Satz sieht das so aus:

**Saya makan nasi goréng anda.**
*Ich essen Reis gebraten Dein.*
Ich esse Deinen gebratenen Reis.

Das war zwar ein langer Satz, aber wichtig, um Dir ein Gefühl für die Sprache zu vermitteln.

Um Besitz anzuzeigen, besteht bei einigen Fürwörtern die Möglichkeit, sie als Endung an das Hauptwort anzuhängen. Man muß allerdings auf alte Formen zurückgreifen:

| | | | |
|---|---|---|---|
| **rumah aku** | = | **rumahku** | *Haus – mein* |
| **rumah engkau** | = | **rumahkau** | *Haus – Dein* |
| **rumah kamu** | = | **rumahmu** | *Haus – Dein* |
| **rumah dia** | = | **rumahnya** | *Haus – sein, Haus – ihr* |

Die Endungen **– ku**, **– mu** und **– kau** werden nur bei vertrauten Personen benutzt.

Sehr gebräuchlich ist auch anstelle persönlicher Fürwörter Anreden einzusetzen. Dasselbe gilt auch, wenn man über den Besitz Dritter redet. (Siehe persönliche Fürwörter)

**Rumah nyonya** *Haus Frau* ihr Haus

# dies und das

**Ini** (dies) und **itu** (das, jenes) werden bei fast jeder Gelegenheit, z.B. um auf etwas besonders hinzuweisen oder auch als "Artikelersatz" für der, die, das. Die praktische Anwendung sieht so aus:

**Saya mau nasi ini**
*Ich möchten Reis diesen.*
Ich möchte diesen Reis.

**Saya mau makan ini.**
*Ich möchten essen dies.*
Ich möchte dies essen.

**Saya mau bis itu.**
*Ich möchten Bus jenen*
Ich möchte jenen Bus.

Auch bei Fragen: Was ist dies? ...jenes?
**Apa ini? Apa itu?**

Vokabeln, die gleich vorkommen:

| | | | |
|---|---|---|---|
| **baru saja** | gerade, im Moment | **pemakan** | Esser |
| **besok** | morgen | **sebentar** | gleich |
| **dimakan** | gegessen | **sekarang** | jetzt |
| **hari ini** | heute | **sudah** | schon |
| **kemarin** | gestern | **tadi** | früher |
| **lusa** | übermorgen | **nanti** | später |
| **makan** | essen | **yang lalu** | vorher |
| **makanan** | Essen,Speise | | |

## "sein" und "haben"

### sein

Das Hilfsverb "sein" existiert in der indonesischen Sprache nicht. **Als Beispiel ein einfacher Satz**:

**Saya bodoh.** = Ich bin dumm.

Die wortgetreue Übersetzung lautet: *Ich dumm.*

Das hört sich zwar sehr fremd an. Aber es ist recht einfach eine Sprache zu lernen, die kein Verb "sein" hat.

### haben

Das Hilfsverb "haben" existiert ebenso wenig, wie das Hilfsverb "sein". Wie man einen Satz ohne "haben, hatte" bildet, siehst Du im nächsten Kapitel "Zeiten".

Für "haben" im Sinne von "besitzen", gibt es die Verben **"ada"** und **"punya"**.

**Ada** bedeutet "es gibt" oder "haben sie?" und **punya** heißt "besitzen", z.B.:

**saya punya kamar** = Ich habe (besitze) ein Zimmer
**ada kamar?** = Gibt's ein Zimmer?

## Die Zeiten

Die Bildung von Zeiten ist in der indonesischen Sprache mehr als unkompliziert.

Die verschiedenen Zeiten werden angezeigt durch Tages- und Zeitbezeichnungen. Die Verben bleiben unverändert.

Das einzige, auf das Du wirklich genau achten mußt, sind die Tages- und Zeitangaben. Die verschiedenen Zeiten kann man nur an Wörtern wie: "heute, gestern, gleich, soeben" usw. erkennen, ein falsch benutztes "Zeitwort" bringt da leicht Verwirrung.

## Vergangenheit

| | | |
|---|---|---|
| **waktu dulu** | *Zeit früher* | in früheren Zeiten |
| **waktu itu** | *Zeit jene* | zu der Zeit, als... |
| **tahun-, bulan,- minggu yang lalu** *Jahr-, Monat-, Woche welche vorbei* | | im letzten Jahr, -Monat, – Woche |
| **kemarin dulu** | *gestern früher* | vorgestern |
| **kemarin** | *gestern* | gestern |
| **tadi** | *vorher, soeben, gerade* | nahe Vergangenheit |
| **tadi pagi** | *vorher morgens* | heute Morgen (Vergangenheit) |
| **tadi malam** | *vorher abends* | gestern Abend |
| **sudah** | *bereits, schon* | (abgeschlossen) |
| **setelah itu** | *bereits das* | die Handlung ist in der Vergangenheit abge – schlossen) |
| **baru** | *neu* | gerade geschehen |

Als Beispielsatz wieder einmal:

**Saya makan nasi.** = *Ich essen Reis.*

**Kemarin saya makan nasi.**
*Gestern ich essen Reis*
Gestern aß ich Reis.

**Saya sudah makan nasi.**
*Ich schon essen Reis.*
Ich habe schon Reis gegessen.

**Tadi saya makan nasi**
*Gerade ich essen Reis*
Gerade habe ich Reis gegessen.

## Gegenwart

| | |
|---|---|
| **hari ini** | heute |
| **sekarang** | jetzt |
| **sedang** | gerade dabei sein, etwas zu tun |
| **masih** | noch dabei sein, etwas zu tun |
| **pada masa ini** | zu dieser Zeit; gegenwärtig |

**Saya sedang makan.**
*Ich gerade essen.*
Ich esse gerade.

**Hari ini saya makan nasi.**
*Heute ich essen Reis.*
Heute esse ich Reis.

**Saya masih makan nasi.**
*Ich noch essen Reis.*
Ich esse noch Reis.

**Sekarang saya makan nasi.**
*Jetzt ich essen Reis.*
Jetzt esse ich Reis.

## Zukunft

**malam // bulan / tahun / minggu yang akan datang.**
*Abend – Monat-, Jahr-, Woche welche werden ankommen.*
Nächsten Monat; nächstes Jahr; nächste Woche.

**Besok saya makan nasi.**
*Morgen ich essen Reis.*
Morgen werde ich Reis essen.

**Lusa saya makan nasi.**
*Übermorgen ich essen Reis.*
Übermorgen werde ich Reis essen.

Willst Du ohne bestimmte Zeitangabe ausdrücken, daß Du dieses oder jenes in naher Zukunft tun willst, benutze **"akan"**.

**Saya akan makan nasi.**
*Ich werden essen Reis.*
Ich werde Reis essen.

# Wort– und Satzstellung

| Vokabeln, die gleich gebraucht werden: | | | |
|---|---|---|---|
| **apa?** | was? | **jam** | Stunde |
| **bagaimana?** | wie? | **kapan?** | wann? |
| **berapa?** | wieviel? | **kemana?** | wohin? |
| **bukan** | kein, nicht | **kenapa?** | warum? |
| **darimana?** | woher? | **mengapa?** | warum? |
| **dimana?** | wo? | **siapa?** | wer? |
| **gula** | Zucker | **tanpa** | ohne |
| **harga** | Preis | **tidak** | nein; nicht |
| **datang** | ankommen | | |

## Subjekt – Prädikat – Objekt

**Saya mau nasi.** = Ich möchte Reis.

Du siehst die Satzstellung ist wie im Deutschen!

Es gibt natürlich auch Ausnahmen:

Adjektive stehen immer nach dem Substantiv.

**Saya mau nasi goréng.**
*Ich möchten Reis gebraten.*
Ich möchte gebratenen Reis.

Wenn man den deutschen Satz wörtlich ins Indonesische übersetzen würde (= **saya mau goréng nasi**), bekäme er einen anderen Sinn, nämlich: "Ich möchte Reis braten." Klar, daß Du damit im Restaurant nur verständnislose Blicke erntest.

● Also daran denken: das Adjektiv steht **hinter** dem Substantiv!

Das Prädikat steht immer vor dem Objekt!

**Saya mau makan nasi.**
*Ich möchten essen Reis.*
Ich möchte Reis essen.

**Darimana bis datang?**
*Woher Bus kommt.*
Woher kommt der Bus?

Wenn Du in Indonesien bist, wird es Dir nicht schwerfallen, die Satzstellung zu erlernen. Da Du ständig die Sprache hörst, wirst Du ganz automatisch alles richtig machen.

Du hast nun gelernt, einfache Sätze zu bilden und Deine Wünsche mehr oder weniger genau zu äußern. Nun ein etwas schwieriger Satz:

**Saya mau makan nasi goreng sekarang dan nanti saya mau minum minuman ini.**
*Ich möchten essen Reis gebraten jetzt und später ich möchten trinken Getränk dieses.*
Ich möchte jetzt gebratenen Reis essen und später dieses Getränk trinken.

Je nach dem in welche Situation Du gerätst oder Dich begeben willst, kannst Du jetzt mit den entsprechenden Wörtern eine ganze Menge Sätze bilden.

## Zusammengesetzte Sätze / Bindewörter

| | |
|---|---|
| sedang | während |
| sebelum | bevor |
| waktu | als |
| sebab, karena | weil |
| karena itu | deswegen |
| kalau | wenn, falls |
| sejak | seit |
| sehingga | so daß, daß |
| meskipun, walaupun | obschon, obgleich, trotzdem, ungeachtet |
| kebetulan | zufällig (–erweise) |
| sebetulnya | tatsächlich, eigentlich |
| tiba–tiba | plötzlich |

Einige Anwendungsbeispiele:

**Sesudah makan, saya hendak minum**
*Nachdem essen, ich möchten trinken.*
Nachdem ich gegessen habe, möchte ich trinken.

**Saya tidak pergi, sebab belum makan**
*Ich nein weggehen, weil noch – nicht essen*
Ich gehe nicht weg, weil ich noch nicht gegessen habe.

**Méskipun mahal, saya akan beli ini.**
*Obwohl teuer, ich werden kaufen dies.*
Obwohl es teuer ist, werde ich dies kaufen.

## fragen

Du kannst bereits die Frage stellen: "**Dimana ada bis ke Jakarta?**" Aber es ist z.B. auch wichtig zu wissen, wann der Bus nach Jakarta abfährt:

**Kapan ada bis ke Jakarta?**
*Wann gibt es Bus nach Jakarta?*
Wann fährt ein Bus nach Jakarta?

**Berapa harga ke Jakarta?**
*Wieviel Preis nach Jakarta?*
Wie teuer ist die Fahrkarte nach Jakarta?

Du siehst, die Fragewörter stehen wie im Deutschen am Satzanfang.

## Fragewörter

| | | | |
|---|---|---|---|
| dimana? | wo? | mengapa? kenapa? | warum? |
| darimana? | woher? | bagaimana? | wie? |
| kemana? | wohin? | siapa? | wer? |
| kapan? | wann? | **apa?** | was? |
| kapan? | wann? | **yang mana?** | welche, r, s |

| | | |
|---|---|---|
| berapa harga? | *wieviel Preis?* | wie teuer? |
| berapa jam? | *wieviel Stunden?* | wie lange? |
| jam berapa? | *Stunden wieviel?* | wie spät? |
| siapa nama? | *wer Name?* | wie heißt Du? |

Diese Wörter brauchst Du jetzt nicht alle auswendig zu lernen, suche sie Dir raus, wenn Du sie benötigst. Auf Dauer wirst Du Dir schon die Wichtigsten merken.

Ansonsten kann man auch durch Anheben der Stimme fragen:

**Mau téh?** *Möchten Tee?* Möchtest Du Tee?

Entscheidungsfragen kann man durch **apakah** (was?) am Satzanfang kennzeichnen.

**Apakah anda akan datang?**
*Was Du werden kommen?*
Wirst Du kommen?

## Verneinung

**"tidak"** = nicht, nein

**Tidak** steht vor Adjektiven und Verben, z.B.:

**Saya tidak mau makan.**
*Ich nicht möchten essen.*
Ich möchte nicht essen.

**Ini tidak mahal.**
*Dies nicht teuer.*
Dies ist nicht teuer.

Etwas zur Aussprache von **tidak**. Es gibt Gegenden, wo man das **tidak** auf **tak** oder **ta** verkürzt hat. In anderen Gebieten wiederum sagt man **nda**. Das a wird überall kurz gesprochen, wie in ab. Ich denke, Du wirst schnell herausbekommen, ob jemand ja (**ya**) oder nein (**tidak, tida, da, nda, tak, ta**) meint.

**"bukan"** = nicht, kein

**Bukan** steht in Verbindung mit Substantiven und Pronomen:

**Ini bukan rumah.**
*Dies kein Haus.*
Dies ist kein Haus.

**Ini bukan nasi saya.**
*Dies kein Reis ich.*
Dies ist nicht mein Reis.

**"belum"**

Das Wörtchen **belum** (= noch nicht) scheint die gebräuchlichste Verneinung zu sein! Ich habe den Eindruck, daß es im Grunde keine Frage gibt, die man mit einem klaren nein beantworten könnte. Fragt Dich zum Beispiel jemand:

**Sudah punya anak?**
*Schon besitzen Kinder?*
Hast Du schon Kinder?

**Sudah pernah ke Sumatra?**
*Schon gewesen nach Sumatra?*
Bist Du schon in Sumatra gewesen? gewesen?

**Belum** paßt auf jeden Fall ausgezeichnet als Anwort.

**"tanpa"** = ohne.

**Kopi tanpa gula.**
Kaffee ohne Zucker.

Sprich **tanpa** sehr sorgfältig aus. **Tambah** heißt nämlich "plus" bzw. "mehr". Gerade beim Kaffeebestellen kann das unangenehm sein. Anstelle von gar keinem Zucker könntest Du eine Überdosis im Kaffee haben.

**Häufige (verneinte) Floskeln:**

| | | |
|---|---|---|
| **tidak ada** | nein gibt-es | nicht haben, nicht da sein |
| **tidak boléh** | nein dürfen | nicht dürfen, nicht möglich |
| **tidak bisa** | nein können | nicht können |
| **tidak berani** | nein trauen | sich nicht trauen |
| **tidak harus** | nein müssen | nicht müssen |
| **tidak mau** | nein wollen | nicht wollen |
| **tidak punya** | nein besitzen | nicht haben (besitzen) |
| **tidak suka** | nein mögen | nicht mögen (gern haben) |
| **tidak usah** | nein nötig | nicht nötig (sein), nicht benötigen |

## Vor– und Nachsilben

Ich muß noch etwas zu den verschiedenen **Verbformen** sagen, mit denen Du in Indonesien konfrontiert wirst.

Neue Wörter werden im Indonesischen oft gebildet, indem man der Verb–Grundform eine Vorsilbe, wie **me–**, **mi–**, **per–**, **di–** oder **ter–** voranstellt oder Nachsilben, wie **–i**, **–an** oder **–kan** anhängt.

| | | |
|---|---|---|
| Als Beispiel: | **makan** | essen |
| | **dimakan** | gegessen |
| | **makanan** | Essen; Speise |
| | **pemakan** | Esser; Fresser |
| | **termakan** | irrtümlicherweise gegessen |

Unglücklicherweise gibt es sehr viele, verschiedene Regeln, wann man welche Vor– und / oder Nachsilbe benutzt.

Glücklicherweise reicht für eine einfache Unterhaltung das Ursprungswort aus.

Wer aber weiterlernen will und wem die einfache Unterhaltung nicht mehr ausreicht, der sollte sich eine Grammatik kaufen. Hinten findest Du ein paar Büchertips.

# Präpositionen

| | | |
|---|---|---|
| **ke** | hin; zu; nach; | (Richtung von hier weg) |
| **di** | in; auf; am; | (bezeichnet Position) |
| **dari** | her; von; | (Richtung nach hierhin) |
| **disini** | hier | |
| **disana** | dort | |

Gerade für Reisende sind das wichtige Wörter. Wo ist dieses oder jenes? Wie komme ich von hier nach dort? etc.

"Wo" heißt **"mana"**. Die verschiedenen Fragewörter werden jetzt aus **mana** und **ke, di** oder **dari** gebildet:

**Mau ke mana?**
*Wollen hin wo?*
Wohin Willst Du?

**Dimana rumah saya?**
*Wo Haus mein?*
Wo ist mein Haus?

**Darimana bis ini?**
*Herwo Bus dieser?*
Woher kommt dieser Bus?

Die Anworten sind auch wieder zusammengesetzt:

| | |
|---|---|
| **ke sini** | nach hier; hierher |
| **di sini** | hier |
| **dari sana** | von dort |

Ein Satz, den man ständig benötigt:

**Saya mau dari sini ke ....**
Ich möchte von hier nach ....

Weitere Präpositionen, die genauso wie oben mit den drei Wörtern gekoppelt werden.

| | | | |
|---|---|---|---|
| **di dalam** | in; innerhalb | **di tengah** | in der Mitte; zentral |
| **di depan** | vorne | **di luar** | draußen |
| **di dekat** | nah | **di atas** | oben; über |
| **di bawah** | unten; drunter | | |
| **di antara** | zwischen; mittendrin | | |
| **di belakang** | hinten; hinter | | |
| **di sebelah** | neben; in der Nähe von | | |

Noch einmal ein Beispiel:

| | |
|---|---|
| **di dalam** | drinnen; in |
| **ke dalam** | hinein; (von draußen) |
| **dari dalam** | von drinnen; (nach draußen) |

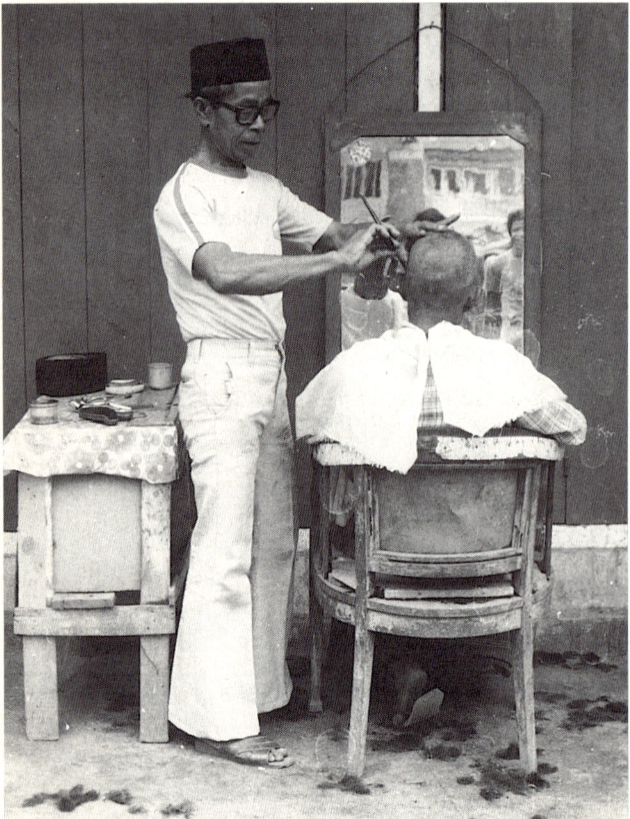

# Eigenschaftswörter

Adjektive stehen immer hinter dem Wort, das sie beschreiben. Benutzt man jedoch eine Mengenangabe, steht diese direkt vor dem Bezugswort.

| | |
|---|---|
| **Banyak rumah besar.** | **Dua rumah kecil.** |
| *Viele Haus groß.* | *Zwei Haus klein.* |
| Viele große Häuser. | Zwei kleine Häuser. |

## steigern

| | |
|---|---|
| **baik** | schön |
| **lebih baik** | schöner |
| **paling baik** | am schönsten; sehr schön |

Man benutzt also **lebih** und **paling.**

**Anjing itu yang paling hitam.**
*Hund jener welcher am meisten schwarz.*
Dies ist der schwärzeste Hund.

Superlative kann man auch ausdrücken, wenn man die Vorsilbe **ter**– vor ein Adjektiv setzt:

| | | | |
|---|---|---|---|
| **tinggi** | hoch | **tertinggi** | am höchsten |
| **mahal** | teuer | **termahal** | am teuersten |
| **murah** | billig | **termurah** | am billigsten |

**Bis yang termurah**
*Bus welcher am billigsten*
Der billigste Bus.

## vergleichen

Willst Du ausdrücken, daß zwei Dinge gleich sind, benutze das Wort **seperti** ( = gleich).

**Saya mau bis seperti ini.**
*Ich möchten Bus gleich dieser.*
Ich möchte einen Bus wie diesen.

**Saya mau bis lain.**
*Ich möchten Bus anderen.*
Ich möchte einen anderen Bus.

Will man z.B. ausdrücken, daß dieser Bus schöner ist als jener, wird das mit **"dari"** – "von" gemacht:

**Bis ini lebih baik dari itu.**
*Bus dieser schöner von jenem.*
Dieser Bus ist schöner als jener.

**"Weniger als"** wird ausgedrückt durch **kurang dari** (weniger von).

| Wichtige Adjektive zum lernen: | | | |
|---|---|---|---|
| **bagus** | gut, in Ordnung | **kurang baik** | schlecht |
| **baik** | schön, gut | **sedikit** | wenig |
| **banyak** | viel | **tua** | alt |
| **baru** | neu | **ringan** | leicht |
| **berat** | schwer | **kecil** | klein |
| **besar** | groß | **salah** | falsch |
| **betul** | richtig | **pintar** | klug, |
| **bodoh** | dumm | **jauh** | weit |
| **dekat** | nah | **terang** | hell |
| **gelap** | dunkel | **lemah** | schwach |
| **kuat** | stark | **murah** | billig |
| **lama** | lange | **pandai, rajin** | fleißig |
| **mahal** | teuer | **susah, sukar** | schwierig |
| **malas** | faul | **péndék** | kurz |
| **mudah** | einfach, ohne Mühe | **tinggi** | hoch |
| **panjang** | lang | **pelan – pelan** | langsam |
| **rendah** | niedrig | **miskin** | arm |
| **cepat** | schnell | **sedih** | traurig |
| **kaya** | reich | **beruntung** | glücklich |

Im indonesischen Sprachgebrauch ist nichts wirklich schlecht, nichts ganz falsch. Wenn Du etwas negativ darstellen willst, verwende die Formulierung **"kurang ..."**, z.B. **kurang baik** (weniger gut), **kurang jujur (weniger ehrlich)**. Das ist sehr höflich und niemand verliert sein Gesicht, weder Du, noch Dein Gegenüber.

# Zahlen

Zahlen sind absolut wichtig! Es ist unumgänglich sie auswendig zu lernen!

Auf dem **pasar** (Markt), im **bis** (Bus), im **losmén** (Pension), im **toko** (Geschäft), im **rumah makan** (Restaurant), am **warung** (Essensstand), überall hast Du etwas zu tun mit Kaufen und Bezahlen, also immer mit Zahlen.

Gerade in touristischen Gegenden ist es üblich, den Weißen mehr Geld, als den Einheimischen abzunehmen. Dabei handelt es sich nicht nur um ein "Trinkgeld", sondern oftmals um einen 10- bis 100- fachen Preis. Kennst Du aber die Zahlen, kannst Du bei Preisabsprachen zuhören oder durch Nachfragen bei Unbeteiligten den richtigen Preis herausfinden (siehe auch "Kaufen und Handeln").

| | | | |
|---|---|---|---|
| 0 | nol | | |
| 1 | satu | 30 | tiga puluh |
| 2 | dua | 31 | tiga – puluh – satu (3 – 10 – 1) |
| 3 | tiga | 40 | empat puluh |
| 4 | empat | 50 | lima puluh |
| 5 | lima | 55 | lima – puluh – lima (5 – 10 – 5) |
| 6 | enam | 60 | enam puluh |
| 7 | tujuh | 100 | seratus |
| 8 | delapan | 200 | duaratus |
| 9 | sembilan | 300 | tigaratus |
| 10 | sepuluh | | u.s.w. |
| 11 | sebelas | 1000 | seribu |
| 12 | duabelas | 2000 | duaribu |
| 13 | tigabelas | 3000 | tigaribu |
| 14 | empatbelas | 10.000 | sepuluh ribu |
| u.s.w. | | 100.000 | seratus ribu |
| 20 | dua puluh | 1000.000 | sejuta |

165743 = seratus enam puluh lima ribu tujuh ratus empat puluh tiga

– belas = – zehn
– puluh = – zig
– ratus = – hundert
– ribu = – tausend
– juta = – million

( **satu** wird zu **se-**, also **seribu** und nicht **satu ribu**).

| | | |
|---|---|---|
| 1/2 | = | **setengah (tengah** = Mitte) |
| 1/4 | = | **seperempat** |
| 3/4 | = | **tiga per empat** |
| 1 1/2 | = | **satu setengah** |

| | | |
|---|---|---|
| 1. | **pertama** | = erster; erstens |
| 2. | **kedua** | = zweiter, zweitens |
| 3. | **ketiga** | = dritter; drittens |
| 4. | **keempat** | = vierter; viertens, etc. |

Ein paar nützliche Wörter:

| | | | |
|---|---|---|---|
| **nomor** | Nummer | **sedikit** | wenig; ein bißchen |
| **jumlah** | Summe | **lagi** | mehr; noch mehr |
| **tambah** | plus | **terlalu** | zu; (– viel; – spät) |
| **kurang** | minus | | |
| **kira – kira** | ungefähr | | |

Umgangssprachliche Preisangaben:

Sowohl **150 Rp.** wie auch **1500 Rp.** werden mit **satu setengah** bezeichnet. **1150 Rp.** heißt z.B. auch **seribu satu setengah.**

## Kategoriewörter

Wie fast alle Asiaten benutzen Indonesier in Verbindung mit Zahlen oft Kategoriewörter. Also nicht einfach nur "Stück", wie bei uns, sondern "Stück" wird näher beschrieben. Man sagt zum Beispiel nicht "fünf Eier", sondern "**lima butir** (Korn) **telur"**. Es folgen die wichtigsten Kategoriewörter:

| | |
|---|---|
| **orang** | für Menschen |
| **ékor** | für Tiere |
| **buah** | für Dinge, größere Gegenstände |
| **butir** | für kleine (runde) Gegenstände, z.B. Eier |
| **lembar** | für alle flachen Gegenstände (z.B. Papier, Bretter) |

| | |
|---|---|
| **tujuh buah rumah** | *7 Früchte (Stück) Häuser* |
| **tiga ékor ayam** | *3 Schwänze (Stück) Hühner* |
| **empat orang murid** | *4 Menschen Schüler* |
| **enam butir telur** | ***6 Körner (Stück) Eier*** |

# Zeitangaben

| | |
|---|---|
| hari | Tag |
| minggu | Woche |
| bulan | Monat |
| tahun | Jahr |
| tanggal | Datum |

## Wochentage

| | |
|---|---|
| Hari minggu | Sonntag |
| Hari senén | Montag |
| Hari selasa | Dienstag |
| Hari Rabu | Mittwoch |
| Hari Kamis | Donnerstag |
| Hari Jumat | Freitag |
| Hari Sabtu | Samstag |
| Hari Raya | Feiertag |

## Monate

| | |
|---|---|
| Bulan Januari | Januar |
| Bulan Pebruari | Februar |
| Bulan Marét | März |
| Bulan April | April |
| Bulan Méi | Mai |
| Bulan Juni | Juni |
| Bulan Juli | Juli |
| Bulan Augustus | August |
| Bulan Séptémber | September |
| Bulan Oktobér | Oktober |
| Bulan Nopémbér | November |
| Bulan Désémbér | Dezember |

## Jahreszeiten, Wetter

| | | |
|---|---|---|
| musim | Jahreszeit | Jahreszeit |
| musim semi | Jahreszeit Schößling | Frühling |
| musim panas | Jahreszeit heiß | Sommer |
| musim rontok | Jahreszeit abfallen | Herbst |
| musim dingin | Jahreszeit kalt | Winter |
| musim salju | Jahreszeit Schnee | Winter |
| musim kemarau | Jahreszeit trocken | Trockenzeit |
| musim kering | Jahreszeit trocken | Trockenzeit |
| musim hujan | Jahreszeit Regen | Regenzeit |

| | |
|---|---|
| cuaca | Wetter |
| hujan | Regen |
| (hujan)-salju | Schnee |
| hujan és | Hagel |
| angin | Wind |
| hari bagus | schöner Tag |
| udara | Luft, Wetter |
| udara bagus | schönes Wetter |
| guntur | Donner |
| kilat | Blitz |

| | |
|---|---|
| dingin | kalt |
| panas | heiß |
| terang | klar |
| mendung | bewölkt |
| sejuk | kühl, frisch |
| berkabut | nebelig (sein) |
| berguntur | donnern |
| berkilat | blitzen |
| lembab | feucht, klamm |

# Uhrzeit

**détik** Sekunde
**ménit** Minute
**jam** Stunde
**belum** noch nicht
**sebelum** bevor
**sudah** schon
**sesudah** nachdem

Wenn Du jemanden nach der Uhrzeit fragen willst, heißt es: **"Jam berapa?"** = *"Stunden wieviel?"* (**"Berapa jam?"** heißt dagegen "Wieviel Stunden?", im Sinne von "Wie lange?".)

Fragst Du also jemanden **"Jam berapa?"** sind mögliche Antworten:

**Jam sembilan**
*Stunde neun*
9 Uhr

**Jam setengah delapan**
*Stunde halb acht.*
7.30 Uhr.

**Jam tiga kurang duapuluh ménit.**
*Stunde 3 minus 20 Minuten.*
2.40 Uhr

**Jam empat lewat sepuluh ménit.**
*Stunde 4 vorbei 10 Minuten.*
4.10 Uhr

Willst Du wissen, wann ein Bus abfährt, kann es Dir passieren, **daß man Dir** antwortet: **"Jam karét."** = *Stunde Gummi*, also keiner weiß wann. In der Regel wird man Dir aber antworten:

**sebentar** gleich (= sofort bis 3 Stunden)
**nanti** später (= sofort bis überhaupt nicht)
**sudah** schon (= schon weg; vielleicht auch nicht)

## grüßen

In islamischen Gegenden wird häufig die islamische Grußformel **"Salam aleikum"** (kurz **"Salam"**, entspricht unserem "Grüß Gott") benutzt. Paßt, wenn Dein Gegenüber Mohammedaner ist. Die Indonesier haben aus **"Salam"** **"Selamat"** gemacht.

**Selamat** kann man in allen Kombinationen anwenden. Hier jetzt mal die Standardmöglichkeiten:

| | |
|---|---|
| **Selamat pagi** | Guten Morgen |
| **Selamat siang** | Guten Mittag |
| **Selamat soré** | Guten Nachmittag |
| **Selamat malam** | Guten Abend |
| **Selamat tidur** | Guten Schlaf |
| **Selamat jalan** | "Guten Weg", sagt derjenige, der bleibt |
| **Selamat tinggal** | "Gutes Hierbleiben", sagt derjenige, der geht |
| **Selamat datang** | Herzlich Willkommen |

Du kannst **"Selamat"** aber auch mit anderen Wörtern kombinieren. Man kann jemandem auch **"Selamat bekérja** ("gutes Arbeiten") oder **"Selamat membaca** ("gutes Lesen") wünschen.

Wann Morgen oder Mittag ist, ist zeitlich genau geregelt:

| | |
|---|---|
| **pagi – pagi** | 5.00 – 7.00 Uhr |
| **pagi** | 7.00 – 11.00 Uhr |
| **siang** | 11.00 – 15.00 Uhr |
| **soré** | 15.00 – 18.00 Uhr |
| **malam** | Nacht |
| **"mimpi manis"** | "träume süß" |

## Anrede – und Höflichkeitsformen

Wie alle Asiaten, legen auch die Indonesier sehr viel Wert auf Höflichkeit. Man sollte also wichtige Begrüßungsformeln und Anreden lernen und anwenden.

| | |
|---|---|
| **Tuan** | Herr |
| **Bapak, Pak** | Vater |
| **Nyonya;Ibu(Bu)** | Frau |
| **Nona** | Fräulein |
| **Ibu** | Mutter |
| **Ayah** | Vater |
| **kakak** | ältere Schwester |
| **adik** | jüngere Schwester; Bruder |
| **abang** | älterer Bruder |

Das sind alles gängige Anredemöglichkeiten. Dabei gibt es aber ein paar Kleinigkeiten zu berücksichtigen.

Ab und zu wird man Dich (falls Du männlich bist) mit **Tuan** anreden. **Tuan** ist ein Überbleibsel aus der holländischen Kolonialzeit. Weiße wurden so angeredet. Eigentlich ist diese Anredeform Königen, Prinzen und anderen Herrschenden vorbehalten.

Unter Indonesiern ist die übliche Anrede **Bapak** (= Vater) oder **Ibu** (= Mutter). Dies ist eine ehren- und respektvolle Anrede. Man verwendet sie in der Regel Männern und Frauen gegenüber, die älter sind als man selbst.

**Bu** oder **Ibu, Pak** oder **Bapak** und auch **Nyonya** oder **Nona** werden auch in direktem Zusammenhang mit dem Namen angewandt, z.B. **Ibu Pugig, Pak Hamsa,** usw..

Auch Berufsbezeichnungen kann man zur Anrede benutzen: **Diréktor, Doktér** ...

Dann gibt es noch die sehr höfliche, neutrale Anrede **"saudara"**, die dem deutschen "Sie" entspricht (eigentlich die literarische Form von Bruder bzw. Schwester).

# bitten

Das deutsche Wort "Bitte" hat viele Bedeutungen, für die es im Indonesischen verschiedene Wörter gibt:

| | |
|---|---|
| silakan oder mari | Im Sinne von: "Bitte setzen Sie sich "(= **silakan duduk**) oder "Bitte essen Sie"(= **mari makan**) |
| tolong | Als Verstärkung beim Bitten "Helfen Sie mir – bitte!" auch "Hilfe!" |
| minta | um etwas betteln, z.B.: **"minta uang!"** = "Bitte Geld!" |
| kembali | als Erwiderung auf "Danke" |
| apa? | Im Sinne von "Wie bitte?" |
| mohon maaf | um Entschuldigung ersuchen; |
| mohon | bitten; ersuchen |

Wenn man mal etwas ganz "Schreckliches" gemacht hat (jemanden beleidigt hat oder ähnliches) ist es angebracht die höflichste Formulierung **mohon maaf** zu benutzen.

**Saya mohon maaf**
*Ich ersuchen Entschuldigung.*
Ich bitte tausendmal um Entschuldigung, es tut mir schreck–lich leid.

## minta

**Minta** heißt zwar auch betteln, wird aber auch anstelle von "möchten" im alltäglichen Sprachgebrauch benutzt.

**Minta satu téh.**
*Erbitte einen Tee.*
Ich möchte einen Tee.

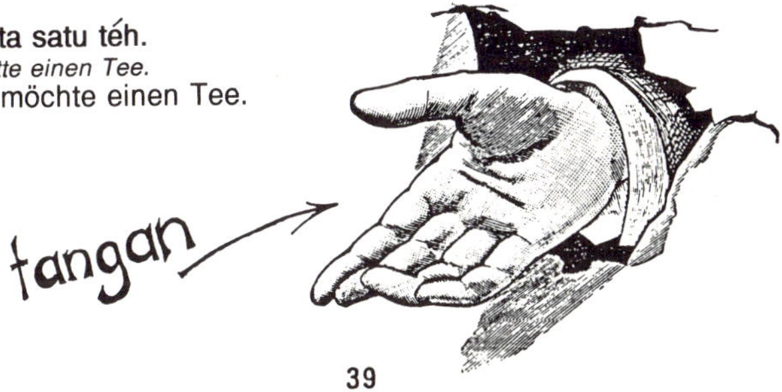

# Redewendungen

| | | |
|---|---|---|
| **Apa khabar?** | Wie geht's? | Was Nachricht? |
| **Khabar baik.** | Gut. | Nachricht gut. |
| **Semua berés!** | Alles in Ordnung! | Alles gut. |
| **Bagaimana?** | Wie ist es? | wie? |
| **Terima kasih.** | Danke | |
| **Sama–sama** | Danke auch. | |
| **Ma'af** | Entschuldigung | |
| **Permisi** | Entschuldigung (im Sinne von "Gestatten Sie?"). Sagt man auch, wenn man den Raum verläßt zu den Bleibenden. | |

## terima kasih

**terima** empfangen, erhalten
**kasih** Liebe, Zuneigung

**terima kasih** heißt also in etwa: "Ich habe Liebe bzw. Zuneigung erhalten" oder besser gesagt, "Ich nehme Ihre Zuneigung an". Wer ganz besonderen Dank aussprechen möchte, sagt: **Terima kasih banyak** oder **Banyak terima kasih.**

**Tidak apa–apa** (keine Ursache), **kembali** (gleichfalls) oder **sama–sama** (ebenfalls) wären die möglichen Erwiderungen.

Wenn Du um Informationen oder Hilfe bittest, wird die Frage eingeleitet mit:

**Permisi dulu, Pak, saya minta tolong!**
*Entschuldige erst, Vater, ich bitten Hilfe!*
Entschuldigen Sie bitte, ich bitte um Ihre Hilfe!

Selbst um nach dem Weg zu fragen, der Uhrzeit oder sogar wenn man nur den Raum verlassen will "gehört es sich" den Satz mit **Permisi dulu** ... einzuleiten.

**Tidak bisa.**
*nein können.*
Geht nicht.

**Saya tidak tahu.**
*Ich nein wissen.*
Ich weiß nicht.

**Saya tidak bisa.**
*Ich nein können.*
Ich kann nicht.

**tidak mengapa**
oder
**tidak apa apa**
= macht nichts

**mau kemana** *Wollen wohin?* Wohin willst Du?

Wenn Du zum hundertsten Mal an einem Tag gefragt wirst: **"Mau kemana?"**, Du aber keine Lust hast ernsthafte Anworten zu geben, gibt es ein paar nette Antworten, die jeden Indonesier zum Lachen reizen:

**makan angin** den Wind essen
**cari angin** den Wind suchen
**cuci mata** die Augen waschen

Manchmal wird man von Indonesiern eingeladen mit der Redewendung: **Datang main main di rumah saya"**. d.h. "Komme mich besuchen in mein Haus". **Main main** heißt "spielen", "sich erholen".

**"Aduh!"** ist ein Ausdruck der Überraschung oder des Schmerzes.
**"Wahai"** heißt "ach" und **"wah"** heißt "nein, sowas".

Findest Du etwas ganz toll, kannst Du das Wort **hébat** (toll, Spitze) benutzen.

Nach einer 36 – stündigen Busfahrt kann man mit Recht sagen **"Saya setengah mati, kepala kelapa!"**
"Ich bin halb tot, Du Hohlkopf!"

**"Sampai jumpa lagi!"** "Auf Wiedersehen"

## Körpersprache

- Die <u>linke Hand</u> ist unsauber, da sie das Toiletten-Papier ersetzt. Benutze ausschließlich die **rechte** Hand, um Menschen zu begrüßen, zu berühren, zum Essen oder um etwas anzunehmen oder weiterzugeben.
- Die <u>Füße</u> sind der unsauberste Teil des Körpers. Es ist mehr als unhöflich, beim Sitzen die Fußsohlen auf eine Person zu richten.
- <u>Ziehe Deine Schuhe aus</u>, wenn Du ein Wohnhaus betrittst. Wasch Dir den Staub von den Füßen, wenn am Eingang ein Behälter dafür bereit steht.
- <u>Überheblichkeit demonstrierst Du</u>, indem Du z.B. mit einem Finger direkt auf eine Person zeigst, Deine Arme vor der Brust verschränkst oder Deine Hände in die Hüften stemmst. (Alles Posen, die bei uns üblich, aber nicht aggressiv belegt sind. Denk daran, wenn Du Dich mit jemandem unterhälst o.ä.)
- <u>Lächeln</u>. Die Indonesier lächeln gerne (fast) immer und (fast) überall – versuch es auch. Es ist bei uns im Westen nicht üblich, jeden anzulächeln, aber in Indonesien kann man es lernen. Es gibt ein gutes Gefühl. Allerdings bedeutet ein Lächeln nicht unbedingt, daß Dir Dein Gegenüber auch wohlgesonnen ist!!!
- Das <u>Herbeiwinken mit der Hand</u> erfolgt nicht wie bei uns mit dem Handrücken nach unten, sondern genau umgekehrt, nämlich mit dem Handrücken nach oben. Für uns sieht das im ersten Moment wie wegscheuchen aus. **Man versteht Dich nicht, wenn Du versuchst, jemanden auf europäische Art herbeizuwinken.**
- Zur <u>Begrüßung</u> reicht man sich die rechte Hand, nur eine leichte Berührung (bloß nicht kräftig schütteln), anschließend führt jeder seine Hand an sein Herz. Eine wirkliche schöne Art der Begrüßung.
- Sitzt Du im Haus eines Indonesiers, im Restaurant, Zug etc., wirst Du ab und zu Leute in <u>gebückter Haltung</u> mit vorgehaltener Hand an Dir vorbeihuschen sehen. Sie bezeugen Dir **Ehrerbietung**. Man will den Kopf nicht höher tragen als der Gast. Es ist üblich diese Haltung gegenüber Älteren und Respektpersonen einzunehmen, wenn man an ihnen vorbei will. Gleichzeitig sagt man dazu **permisi** (= Entschuldigung).

- Wutausbrüche und Schreien – völlig unverständliche Verhaltensweisen. "Man zeigt seine Wut nicht, nur Kinder verlieren die Selbstkontrolle und schreien". Wenn Du Dich nicht beherrschen kannst verlierst Du Dein Gesicht. Die Reaktion der Indonesier ist Distanz und Unverständnis.
- Als Frau empfiehlt es sich "anständig" gekleidet zu sein, d.h. langer, undurchsichtiger Rock, Kleid, Bluse, BH, Hose, alles nicht zu eng. Selbst bei vollständiger Kleidung wird es Dir noch oft genug passieren, daß man Dich anfaßt. Wenn Du, z.B. nur mit einem kurzen T-Shirt bekleidet herumläufst, bist Du "Freiwild" – selbst in männlicher Begleitung. Das Bild der weißen Frau ist geprägt von amerikanischen Sex & Crime Filmen im Kino oder Fernsehen.
- Ich bin unterwegs "verheiratet" und habe "**noch** keine Kinder". Selbst "anständig gekleidet" **und** "verheiratet" wurde ich noch oft genug "angepackt". Wenn es mir zu bunt wurde, habe ich mir Luft gemacht, indem ich deutsche Schimpf- und Fluchtiraden auf die "Schuldigen" losließ – das wurde komischerweise auch verstanden. Nicht nackt oder oben-ohne sonnenbaden!!
- Männer sollten **nicht** in kurzen Hosen herumlaufen. Schau Dich in Indonesien um – Du wirst feststellen, daß nur arme oder arbeitende Männer kurze Hosen tragen. Da Du Dir immerhin ein Flugticket kaufen konntest, glaubt Dir einfach kein Indonesier, daß Du Dir keine lange Hose leisten kannst. Du machst Dich einfach lächerlich, verlierst Dein Gesicht. Du wirst nicht ernst genommen, da Du den gängigen Anstandsregeln nicht entsprichst.
- Öffentlich als Liebespaar aufzutreten (z.B. Arm-in-Arm gehen oder Küsse austauschen) gehört sich nicht. Dies gilt als anstößig. Allerdings ist es üblich, daß gleichgeschlechtliche Freunde Hand halten oder Arm-in-Arm gehen. Das ist kein Zeichen von Homosexualität.

# Unterwegs mit ....

## ...öffentlichen Verkehrsmittel

Nützliche Vokabeln

| | |
|---|---|
| alamat | Adresse |
| becak | Rikscha |
| bis | Bus |
| bis malam | Nachtbus (**malam** = Nacht) |
| gang | Allee; Gasse; Gang |
| jalan | Weg; Straße |
| kapal laut | Schiff (**laut** = Meer; **kapal** = Boot) |
| kapal terbang | Flugzeug (**terbang** = fliegen) |
| karcis | Fahrkarte |
| kelas | Klasse |
| kepala setasiun | Stationsvorsteher (**kepala** = Kopf) |
| keréta api | Zug (**keréta** = Wagen, **api** = Feuer) |
| lapangan terbang | Flugplatz |
| lokét | Kartenschalter |
| mobil | Auto |
| pelabuhan | Hafen |
| sepéda | Fahrrad |
| sepéda motor | Motorrad |
| setasiun | Station |
| setasiun bis | Bus – Station |
| setasiun keréta api | Bahnhof |
| taksi | Taxi |
| tempat duduk | Sitzplatz |
| | |
| penumpang | Passagier |
| dewasa | Erwachsener |
| | |
| ada | es gibt |
| ambil | nehmen |
| batal | entwerten, widerrufen |
| belok | abbiegen |
| berangkat | verlassen; abreisen |
| berhenti | stop! anhalten |
| bicara | sprechen |
| bisa | können |
| cari; mencari | suchen |

| | |
|---|---|
| **cepat** | schnell |
| **datang** | ankommen; kommen |
| **dekat** | nah |
| **dilarang** | verboten |
| **énak** | bequem; komfortabel; köstlich |
| **harus** | müssen |
| **ingin** | wünschen |
| **jalan kaki** | zu Fuß gehen |
| **jauh** | weit |
| **kembali** | zurückkommen |
| **kosong** | leer |
| **langsung** | direkt |
| **lihat** | sehen |
| **mau** | möchten; wollen |
| **masuk** | eintreten |
| **mengérti** | verstehen |
| **menyéwa** | mieten |
| **naik** | fahren mit; einsteigen; klettern |
| **pelan – pelan** | langsam |
| **penuh** | voll |
| **pergi** | weggehen; verlassen |
| **ramai** | hektisch; überfüllt |
| **suka** | mögen |
| **tahu** | wissen |
| **tanya** | fragen |
| **tinggal** | bleiben |
| **turun** | aussteigen |
| **tunggu** | warten |
| **tutup** | geschlossen |

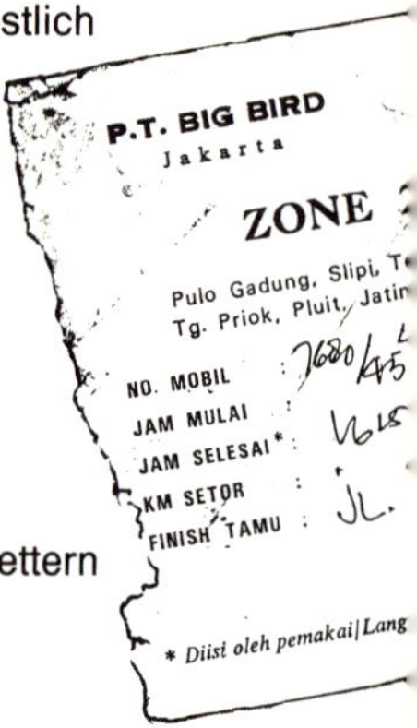


**Dimana saya bisa beli karcis bis?**
*Wo ich können kaufen Karte Bus?*
Wo kann ich eine Busfahrkarte kaufen?

**Jam berapa bis malam berangkat?**
*Stunde wieviel Bus Nacht abfahren?*
Wann fährt der Nachtbus ab?

**Masih ada tempat duduk kosong?**
*Noch gibt es Platz Sitz leer?*
Gibt es noch freie Sitzplätze?

**Ma'af sudah penuh.**
*Entschuldigung, schon voll.*
Es tut mir leid, es ist schon alles voll.

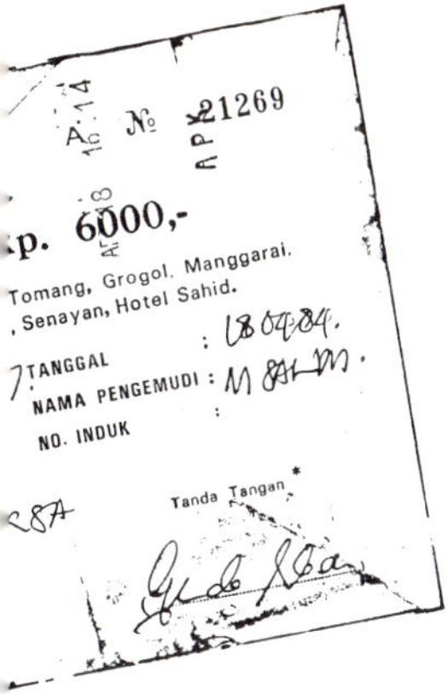


**Keréta api ini, cepat atau pelan?**
*Zug dieser, schnell oder langsam?*
Ist dieser Zug schnell oder langsam?

**Dimana ada lokét?**
*Wo gibt es Fahrkartenschalter?*
Wo gibt es einen Fahrkartenschalter?

**Berapa harga kelas dua?**
*Wieviel Preis Klasse zwei?*
Wie teuer ist die 2. Klasse?

**Bis ini, pergi langsung ke Bima?**
*Bus dieser, geht durchgehend nach Bima?*
Geht dieser Bus direkt nach Bima?

**Taksi! Ke lapangan terbang!**
*Taxi! Hin Platz fliegen!*
Taxi! Zum Flugplatz!

**Tolong, pergi cepat!**
*Bitte fahren schnell!*
Bitte, fahren Sie schnell!

**Hari apa kapal laut berangkat ke Singapura?**
*Tag was Schiff Meer verlassen nach Singapur?*
An welchem Tag geht das Schiff nach Singapur?

**Berangkali hari senén** Vielleicht Montag.

**Jam berapa bis yang terachir berangkat?**
*Stunde wieviel Bus welcher letzter abfahren?*
Wie spät fährt der letzte Bus?

**Saya mau turun disini.**
*Ich möchte aussteigen hier.*
Ich möchte hier aussteigen.

**Tips**

Nachtbusse sind immer Expressbusse. **Bemos** sind Kleinbusse für kurze Strecken, die man an jeder beliebigen Stelle anhalten kann. In manchen Gegenden gibt es **"non – stop – kol"** (Mini Colts) die mittlere Distanzen fahren. Am bequemsten sitzt man in der Mitte **(diténgah)**, aber nicht über dem Rad. Bei Fähren bringe Dein Essen selber mit. Und keine Eile – alle haben Zeit.

Falls der Fahrkartenschalter überfüllt oder geschlossen **(tutup)** ist, kann man sich an den **kepala setasiun** (Stationsvorsteher) wenden. Der kann Dir auch eine Fahrkarte ausstellen.

| | | | |
|---|---|---|---|
| **barat** | Westen | **langsung** | geradeaus |
| **timur** | Osten | **kanan** | rechts |
| **utara** | Norden | **kiri** | links |
| **selatan** | Süden | **dari** | von |

Fragst Du nach dem Weg, wird man Dir als Antwort oft die Himmelsrichtung nennen. Die Bezeichnungen links und rechts werden nicht sehr häufig gebraucht und auch oft durcheinander geschmissen. Falls Du nicht weißt, wo gerade z.B. Norden ist frage den, der Dir gerade so geantwortet hat, einfach **"Dimana utara?"** = "Wo ist Norden?"

## .....mit dem Motorrad

Auf Bali kann man recht billig Motorräder mieten. Das empfiehlt sich aber nur, wenn Du wirklich gut fahren kannst! Linksverkehr, rücksichtslos fahrende Bus – und LKW – Fahrer, die Straße kreuzende Hunde und Hühner machen das Fahren nicht ungefährlich. Bei Sonnenuntergang nur im absoluten Notfall fahren – es wimmelt nur so von Mücken, Fliegen und anderem Kleinvieh, die alle zu Deiner Motorradlampe wollen. Ohne Brille geht es kaum, es sei denn Du kannst mit geschlossenen Augen fahren.

**Dimana bisa menyéwa sepéda motor?**
*Wo können mieten Fahrrad Motor?*
Wo kann ich ein Motorrad mieten?

**Apakah dengan asuransi sepeda motor?**
*Was ist mit Versicherung Rad Motor?*
Was ist mit der Motorrad Versicherung?

**Ada ijin untuk sepéda motor ini?**
*Gibt es Genehmigung für Rad Motor dieses?*
Gibt es einen Fahrzeugschein für dieses Motorrad?

**Sepéda motor saya merusak.**
*Rad Motor mein kaputt*
Mein Motorrad ist kaputt.

ACHTUNG!! Helmpflicht seit 1.10.86

| | |
|---|---|
| **sepéda motor** | Motorrad |
| **peminjam sepéda motor** | Motorradverleiher |
| **menyéwa** | mieten (ausleihen) |
| **séwa** | vermieten |

Dimana ada béngkél sepéda motor?
*Wo gibt es Werkstatt Rad Motor?*
Wo gibt es eine Motorrad Werkstatt?

An dieser Stelle möchte ich Wayan Kasta und Pak Bas für die Hilfe bei diesem Kapitel danken.

## wichtige Verkehrsschilder

| | |
|---|---|
| **Jembatan** | Brücke |
| **Hati–Hati** | Vorsicht! |
| **Jalan hati–hati** | Vorsicht, schlechte Straße |
| **Ditutup / Dibuka** | Geschlossen / Geöffnet |
| **Dilarang masuk** | Eintritt verboten |
| **Dilarang merokok** | Rauchen verboten |
| **Bahaya** | Gefahr |
| **Masuk** | Eingang |
| **Keluar** | Ausgang |
| **pelan–pelan** | Langsam fahren |
| **Dilarang untuk ...** | Verboten für ... |
| **... mobil–mobil** | ... Autos |
| **... sepéda motor** | ... Motorräder |
| **Tempat parkir** | Parkplatz |
| **Jalan perbaiki** | Straßenarbeiten |
| **Awas** | Achtung! Vorsicht! |

| | | | |
|---|---|---|---|
| **gir** | Gang | **cok** | Benzinhahn |
| **sayap** | Schutzblech | **platina, makina** | Zündverteiler |
| **lampu stop** | Rücklampe | **tali rém** | Bremszug |
| **perséneling** | Fußkupplung | **rém belakang** | Rückbremse |
| **busi** | Zündkerze | **rém muka** | Vorderbremse |
| **kabilator** | Vergaser | **sprayér** | Einspritzdüse |
| **rés** | Reserve | | |

| | |
|---|---|
| ijin | Erlaubnis, Zulassung |
| surat ijin mengemudi | Brief, Zulassung |
| (SIM) | Führerschein |
| surat surat motor | Fahrzeugschein |
| asuransi | Versicherung |
| béngkél sepéda motor | Werkstatt-Motorrad |
| alat alat motor | Werkzeug-Motor |
| préss ban dalam | Schlauchflicker |
| ban | Reifen |
| dalam | innen |
| barang onderdil | Ersatzteil |
| rusak, merusak | kaputt |
| plat motor | Motorrad Kennzeichen |
| kunci | Schlüssel |
| kerusakan | Schaden, Panne |
| kecelakaan | Unfall |
| pompa angin | Luftpumpe |
| oli | Öl |
| bénsin | Benzin |
| setasiun bénsin | Tankstelle |
| roda | Rad |
| ban dalam | Schlauch |
| ban luar | Reifen |
| tangan tangan | Lenker |
| tanki | Tank |
| rém, rim | Bremse |
| kopeling | Kupplung |
| gas | Gas |
| tali gas | Gaszug |
| sadel | Sitz (Sattel) |
| ruji | Speiche |
| stop bécker | Stoßdämpfer |
| balon | Birne |
| lampu | Lampe |
| réting | Blinker |
| aki | Aku, Batterie |
| bélt | Hupe |
| knalpot | Auspuff |
| pédal | Fußraste |
| selang | Schlauch |
| selang bénsin | Benzin Schlauch |
| spion | Rückspiegel |
| rantai | Kette |

## .....in Stadt + Land

**Ada tempat untuk berenang disini?**
*Gibt es Platz für Schwimmen hier?*
Gibt es hier einen Platz zum Schwimmen?

**Ya, ada. Kira kira satu kilo ke utara.**
*Ja, gibt es. Ungefähr 1 km nach Norden.*
Ja, es gibt einen. Ca 1 km Richtung Norden.

**Saya mau naik gunung api itu.**
*Ich möchten besteigen Berg Feuer jenen.*
Ich möchte jenen Vulkan besteigen.

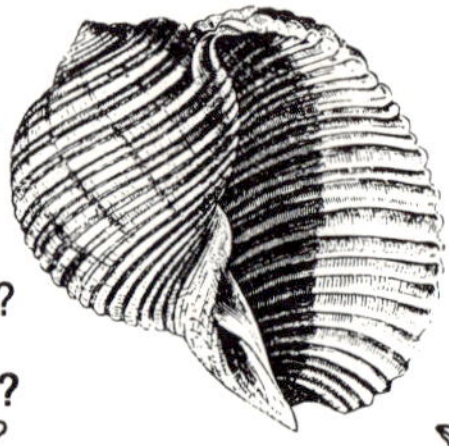

**Berapa lama ke atas?**
*Wieviel lange zum Gipfel?*
Wie lange dauert es bis zum Gipfel?

**Ada air panas atau air terjun disini?**
*Gibt es Wasser heiß oder Wasser fallen hier?*
Gibt es hier heiße Quellen oder einen Wasserfall?

apitan

| | |
|---|---|
| **aman** | sicher |
| **atas; di atas** | Dach;oben |
| **ke atas** | zum Gipfel, nach oben |
| **berenang** | schwimmen |
| **gua** | Höhle |
| **(mata) air panas** | heiße Quelle |
| **naik** | klettern, steigen |
| **ombak** | Welle |
| **pantai** | Strand |
| **pasir** | Sand |
| **puncak** | Gipfel |
| **air terjun** | Wasserfall (**air** = Wasser;**térjun** = fallen) |
| **danau;dunia** | See; Welt |
| **gunung** | Berg |
| **gunung api** | Vulkan (**api** = Feuer) |
| **hutan;laut** | Wald; Meer |
| **kali, sungai** | Fluß |
| **mata air panas** | heiße Quelle(**mata** = Auge;**panas** = heiß) |
| **mata hari** | Sonne (Auge des Tages) |
| **pulau** | Insel |
| **kawah** | Krater |

## IN DER STADT

| | |
|---|---|
| Kantor Immigrasi | Einwanderungsbüro |
| Kantor Parawisata | Touristenbüro |
| Kedutaan Besar | Botschaft |
| apotik | Apotheke |
| bank | Bank |
| bioskop | Kino |
| candi | Tempel |
| daérah | Bezirk |
| désa kampung | Dorf |
| galérie | Galerie |
| gedung sandiwara | Theater |
| hotél | Hotel |
| Kantor Pos | Postamt |
| Kantor Polisi | Polizeiwache |
| kebun binatang | Zoo(**kebun** = Garten;**binatang** = Tier) |
| kota | Stadt |
| kota besar | Großstadt |
| losmen | Pension |
| mésjid | Moschee |
| musium | Museum |
| négara | Nation; Staat |
| pasar | Markt |
| pasar malam | Nachtmarkt |
| penjahit | Schneider |
| pompa bénsin | Tankstelle |
| réstoran, rumah makan | Restaurant |
| rumah sakit | Krankenhaus |
| toko | Geschäft |
| toko batik | Batik – Geschäft |
| toko buku | Buchgeschäft |
| toko obat | Drogerie |
| univérsitas | Universität |
| warung | Essenstand |
| wisma | Gästehaus |
| indah | schön (bei Häusern, Plätzen) |

Dimana saya bisa beli ......?
*Wo ich können kaufen .....?*
Wo kann ich .... kaufen?

# Eingeladen sein

| | |
|---|---|
| **famili, pamili** | Familie |
| **keluarga** | Familie, Verwandtschaft (oft wird das ganze Dorf zur Verwandtschaft gerechnet) |
| **sanak saudara** | Familienmitglieder (pl), Verwandte |
| **dewasa** | Erwachsene |
| **anak** | Kind |
| **anak anak** | Kinder |
| **Keluarga Berencana(KB)** | Familien Planung |
| **séhat** | gesund |
| **oléh oléh** | Geschenk (siehe unten) |
| **pulang** | nach hause gehen |

**KB, (Keluarga Berencana) dua cukup, Pak**
*Familienplanung, zwei genug, Vater*
Zwei Kinder sind genug, Vater.

Schilder mit dieser Aufschrift sieht man immer wieder. Selbst Geld, nämlich das 5 – Rupie – Stück wirbt für Familienplanung.

**Bagaimana keadaan, Pak/Bu**
*Wie Zustand, Vater/Mutter?*
Wie geht es Ihnen Vater/Mutter?

**Terima kasih, baik (baik – baik, saja)**
Danke, gut (*gut,gut,bloß*= ziemlich gut)

**Bagaimana keadaan keluarga, Pak/Bu**
*Wie Zustand Familie, Vater/Mutter?*
Wie geht es Ihrer Familie, Vater/Mutter?

**Terima kasih, semua séhat.**
Danke, alle gesund

**Saya mau pulang**
*ich möchte nach-Hause-gehen*
Ich möchte nach Hause gehen.

## Geschenke

**oléh oléh** bedeutet soviel wie Geschenk, wobei es sich um etwas Eßbares handelt. Indonesier untereinander bringen sich z.B. als **oléh oléh** Spezialitäten aus der jeweiligen Region mit. Sumbawa ist bekannt für den besten Honig, Bali für die besten Salaks (Schlangenhautfrüchte) usw. Auch wenn Früchte z.B. überall erhältlich sind oder sogar dort wachsen, ist es etwas Besonderes, wenn man sie von einer anderen Insel mitbringt.

Wenn Du aus Deutschland Geschenke mitbringst (keine **oléh oléh**) solltest Du folgendes wissen: man nimmt diese Geschenke entgegen, legt sie in die Ecke und wartet mit dem Auspacken bis der Besuch wieder abgereist ist. Auf diese Art und Weise verliert niemand das Gesicht. Der Beschenkte kann in Ruhe seinen Ärger rauslassen, ohne daß der Schenker sich Vorwürfe machen muß, etwas Falsches gekauft zu haben.

## Bad + Toilette

| | |
|---|---|
| **mandi** | duschen, waschen, baden |
| **kamar mandi** | Bade- und Waschraum |
| **Sudah mandi?** | Schon gewaschen? |

Indonesier legen sehr viel Wert auf Sauberkeit. Täglich wird zwei bis drei Mal geduscht.

● Etwas zum **mandi**. So eine **kamar mandi** besteht aus einem gekachelten Becken (hat fast Ähnlichkeit mit einer Badewanne), direkt daneben befindet sich oft das Hock-Klo. Irgendwo in diesem Raum, gibt es immer eine knallbunte Schöpfkelle (blau, grün, gelb, rot oder lila). Mit dieser schöpft man das Wasser aus dem Becken und übergießt sich damit. Auf keinen Fall in das Becken setzen!

| | |
|---|---|
| **kamar kecil** | Toilette |
| **buang air** | Notdurft verrichten (scheißen) |
| **buang air kecil** | urinieren (pinkeln) |
| **wanita** | Frauen |
| **laki laki** | Männer |

**Saya harus ke kamar kecil! Cepat!**
*Ich muß nach Zimmer klein! Schnell!*
Ich muß zur Toilette. Schnell

In Indonesien wirst Du oft vergebens nach getrennten Toiletten suchen. Ich habe sogar schon vergeblich nach dem Hock-Klo gesucht. In kleinen, abgelegenen Dörfern werden meist der Fluß, Bach oder für kleinere Geschäfte irgendwelche Sträucher benutzt.

# Im Hotel

| | |
|---|---|
| losmen | Pension |
| bantal | Kissen |
| bikin bersih | saubermachen |
| kamar | Zimmer |
| kosong | leer |
| kunci | Schlüssel |
| mencuci | waschen (Kleidung) |
| menyémprot | sprühen |
| nyamuk | Mücken |
| penuh | voll |
| tempat tidur | Bett |
| selimut | Decke (Bett-) |
| seperai | Laken |
| titip | deponieren |
| dapur | Küche |
| kamar tidur | Schlafzimmer |
| kolam berenang | Swimming-pool |
| rumah | Haus |
| menyéwa | mieten |

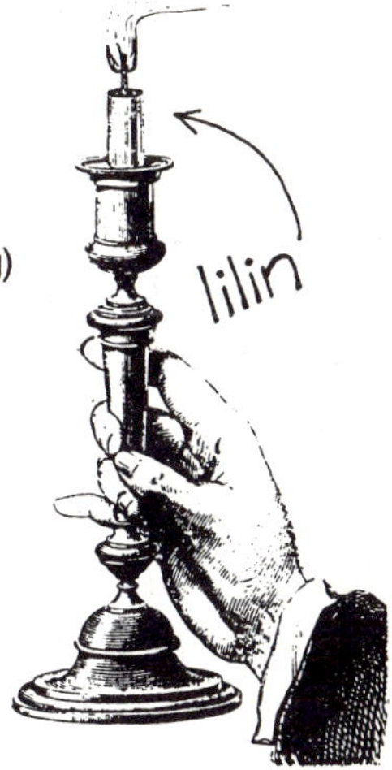


**Ada kamar kosong?**
*Gibt es Zimmer leer*
Haben Sie freie Zimmer?

**Ya, untuk dua orang.**
Ja, für zwei Menschen.

**Saya mau lihat kamar dulu.**
*Ich möchten sehen Zimmer erst.*
Ich möchte erst das Zimmer sehen.

**Ya, silakan ikut saya.**
*Ja, bitte folgen ich.*
Ja, bitte folgen Sie mir.

**Didalam nyamuk ada**
*drinnen Mücken gibt-es*
Es gibt Mücken da drin.

**Tolong menyemprot kamar saya.**
*Bitte sprühen Zimmer ich.*
Bitte sprühen Sie in meinem Zimmer.

**Berapa harga untuk kamar ini?**
*Wieviel Preis für Zimmer dieses?*
Wie teuer ist dieses Zimmer?

**Saya mau berangkat besok.**
*Ich möchten abreisen morgen.*
Ich möchte morgen abreisen.

**Dua ribu Rp dengan makanan pagi.**
*2.000 Rp mit Essen Morgen.*
2.000 Rp inclusive Frühstück.

**Ya, saya menyéwa kamar ini untuk dua malam.**
*Ja, ich mieten Zimmer dies für zwei Nächte*
Ja, ich miete dieses Zimmer für zwei Nächte.

**Boleh, saya titip paspor saya dengan Bapak?**
*Möglich, ich deponieren Reisepass mein mit Vater?*
Kann ich meinen Reisepass bei Ihnen deponieren?

**Ada orang yang mencuci pakaian**
*Gibt es Menschen welcher waschen Kleidung?*
Gibt es jemanden, der Kleidung wäscht?

**Tolong bikin bersih kamar saya.**
*Bitte machen sauber Zimmer mein.*
Bitte machen sie mein Zimmer sauber.

## essen + trinken

| | |
|---|---|
| **makanan** | Essen; Gericht |
| **makan** | essen |
| **minuman** | Getränk |
| **minum** | trinken |
| **énak** | wohlschmeckend; köstlich |
| **sedap** | köstlich; herrlich |
| **asam** | sauer |
| **manis** | süß |
| **dingin** | kalt |
| **pasar malam** | Nachtmarkt |
| **warung** | Essenstand |
| **rumah makan** | Restaurant |
| **daftar** | Speisekarte |
| **pelayan** | Kellner; Ober |
| **bayar** | bezahlen |
| **piring** | Teller |
| **gelas** | Glas |
| **cangkir** | Tasse |
| **pisau** | Messer |
| **garpu** | Gabel |
| **séndok** | Löffel |
| **panas** | heiß; warm |
| **pedas** | scharf; gewürzt |
| **asin** | salzig |
| **goréng** | gebraten |
| **rebus** | gekocht |
| **masak** | reif, gekocht |
| **masakan** | Gekochtes |
| **busuk** | verdorben |
| **sedia** | fertig, bereit |

In allen Städten und Dörfern Indonesiens fangen bei Einbruch der Dunkelheit die Nachtmärkte (**pasar malam**) an. Auf diesen Märkten findet man Essenstände (**warung**) mit dem üblichen indonesischen Essen und den Spezialitäten der Region.

## Früchte (buah)

| | |
|---|---|
| **mangga** | Mango |
| **durian** | Durian |
| **nangka** | Jackfruit |
| **manggis** | Mangosteen |
| **apél** | Apfel |
| **pisang** | Banane |
| **buah – buahan** | Fruchtsalat |
| **nanas** | Ananas |
| **jeruk manis** | Apfelsine |
| **jeruk asam** | Limone |
| **kelapa** | Kokosnuß |
| **pepaya** | Papaya |
| **arbai; arbén** | Erdbeere |
| **masak** | reif |

## Fleisch (daging)

| | |
|---|---|
| **daging** | Fleisch |
| **daging sapi** | Fleisch Rind |
| **daging babi** | Fleisch Schwein |
| **daging domba** | Fleisch Lamm |
| **daging kambing** | Fleisch Ziege |
| **daging ayam** | Fleisch Huhn |
| **daging bébék** | Fleisch Ente |
| **hati** | Leber |
| **otak** | Gehirn |
| **jantung** | Herz |
| **merpati** | Taube |

## Gewürze (bumbu)

| | |
|---|---|
| lombok | Chili |
| garam | Salz |
| merica, lada | Pfeffer |
| kécap | Soja Sauce |
| mentéga | Butter |
| madu | Honig |
| gula | Zucker |
| jahé | Ingwer |

## Gerichte (makanan)

| | |
|---|---|
| nasi putih | weißer, gekochter Reis |
| nasi goréng | gebratener Reis, oft mit Gemüse |
| nasi campur | Reis mit Gemüse und Fleisch |
| nasi sayur | Reis mit Gemüse |
| mie goréng | gebratene Nudeln, manchmal mit Gemüse und Ei |
| mie rébus | gekochte Nudeln |
| mie kuah | Nudelsuppe |
| soto; sop; gulai | Suppe |
| martabak | Pfannkuchen mit Gemüse, Fleisch oder süß zubereitet |
| cap cai | versch. Gemüsesorten, angebraten in einer Sauce |
| saté | am Spieß gegrilltes Fleisch mit unterschiedlichen Saucen |
| fu yung hai | Omlett mit Fleisch und Gemüse |
| gado gado | Gemüsesalat mit Erdnußsauce – kalt |

## Kleinigkeiten

| | |
|---|---|
| kué | Kuchen; Biskuit |
| kacang | Erdnüsse |
| gula gula | Bonbons; Süßigkeiten |
| telur | Ei |
| telur rébus | Ei – gekocht |
| telur goréng | Ei – gebraten |
| telur mata sapi | Spiegelei (**mata** = Auge, **sapi** = Kuh) |
| éskrim | Speiseeis |

## Wassertiere (ikan)

| | |
|---|---|
| ikan laut | Salzwasser – Fisch (**laut** = Meer) |
| ikan danau | Süßwasser – Fisch (**danau** = See) |
| ikan | Fisch |
| udang | Krabben |
| udang karang | Lobster (**karang** = Koralle) |
| tiram | Auster |
| apitan | Muschel |

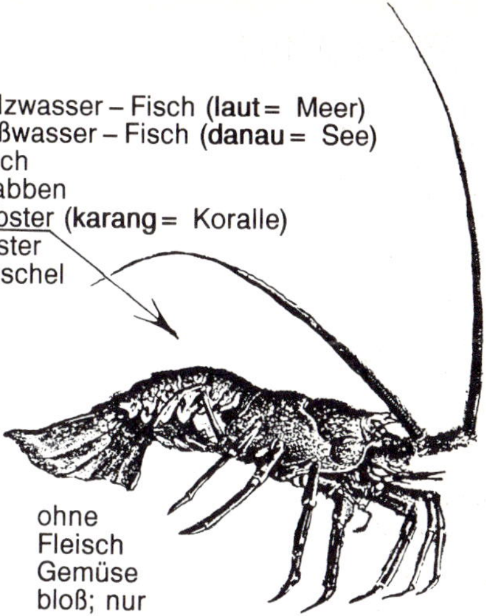

## für Vegetarier

| | |
|---|---|
| tanpa | ohne |
| daging | Fleisch |
| sayur | Gemüse |
| saja | bloß; nur |
| sayur sayuran | gemischtes Gemüse |
| mie, bihun, bakmie | Nudeln |
| roti | Brot, Kuchen |

## Reis

Reis ist das wichtigste Nahrungsmittel Indonesiens. Auf Java, Bali und anderen Inseln, wo es genug Wasser gibt, wird Reis auf den **sawah** (Naßreisfelder) angebaut, in anderen Gebieten kultiviert man ihn trocken auf den **ladang** (Trockenreisfeldern). Für unser Wort "Reis" gibt es im Indonesischen eine ganze Reihe von Bezeichnungen, die den jeweiligen "Zustand" der Pflanze bezeichnen:

**Padi** heißt die Reispflanze, die auf dem Felde steht.

**Gabah** nennt man die gedroschenen, aber noch nicht geschälten Reiskörner.

**Beras** heißt geschälter Reis, so wie er auf dem Markt angeboten wird.

**Nasi** heißt er, wenn er gekocht und zum Essen bereitet ist.

## Getränke (minuman)

| | |
|---|---|
| panas | heiß |
| dingin | kalt |
| és | Eis |
| botol | Flasche |
| air putih | Wasser |
| air minum | Trinkwasser |
| téh; kopi | Tee; Kaffee |
| – manis | – mit Zucker |
| – susu manis | – mit Milch und Zucker |
| – pahit, hitam, tawar | – schwarz |
| – jahé | Ingwertee/Kaffee |
| coklat | Trinkschokolade |
| mabuk | betrunken |
| manis | süß |
| tawar, pahit | bitter |
| bir | Bier |
| brem | balinesischer Reiswein |

**Sedikit gula saja.**
*Wenig Zucker nur.*
Nur ein wenig Zucker.

**Ibu, saya minta kopi tidak pakai gula.**
*Mutter, ich bitte Kaffee nein mit Zucker.*
Mutter, ich möchte bitte Kaffee ohne Zucker.

Wer Kaffee oder Tee bestellen will, kann dabei einige Schwierigkeiten haben, da man normalerweise eine Unmenge an Zucker hineintut. Die Ibu am Warung davon zu überzeugen, daß man den Kaffee lieber **pahit** (= bitter) trinkt, führt oft zu längeren Diskussionen, die nicht selten damit enden, daß Du "nur ein wenig" Zucker hinein bekommst (damit es Dir nicht den Magen umdreht).

Je nach Region gibt es unterschiedliche Ausdrücke für dieses "eigenartige" Touristen-Anliegen:

| | | |
|---|---|---|
| **Kopi kosong.** | **Kopi pahit.** | **Kopi tanpa gula.** |
| Kaffee leer. | Kaffee bitter. | Kaffee ohne Zucker. |

Ich sage immer alle Möglichkeiten sehr deutlich hintereinander und bekomme dann trotzdem oft Kaffee mit ein bißchen Zucker, "Damit er nicht so schrecklich bitter ist". Aber manchmal klappt es auch. Nur Mut!

## Fruchtsäfte (minuman buah)

| | |
|---|---|
| **air jeruk** | gesüßter Orangen – oder Limonensaft |
| **air kelapa** | Kokosnußmilch |
| **air kelapa muda** | junge Kokosnußmilch und –fleisch |
| **air kopior** | überreife Kokosnußmilch und –fleisch |
| **és buah** | gelierte Früchte mit Sirup auf geraspeltem Wassereis |

ersetzt Du **air**(= Wasser) durch **és** (= Eis), bekommst Du oben genannte Getränke mit Eis, also kalt. Z.B.: **és jeruk** = kalter Orangensaft.

## Fotografieren

| | |
|---|---|
| **cuci – cétak** | entwickeln + prints |
| **alat potrét** | Fotoapparat |
| **baru/tua** | neu/alt |
| **hitam/putih** | schwarz/weiß |
| **memotrét** | fotografieren |
| **mencuci** | entwickeln |
| **pilem, film** | Film |
| **tukang potrét** | Fotograf |
| **toko potrét** | Fotogeschäft |
| **warna** | Farbe |
| **ambil** | nehmen |

**Dimana ada toko pemotrét?**
*Wo gibt es Laden Foto?*
Wo gibt es ein Fotogeschäft?

**Ada pilem?**
*Gibt es Film?*
Haben Sie Filme?

**Bisa mencuci pilem ini?**
*Können entwickeln Film diesen?*
Können Sie diesen Film entwickeln?

**Tidak ada pilem baru? Ini sudah tua.**
*Nein gibt es Film neu? Dieser schon alt.*
Gibt's keinen neuen Film? Dieser ist schon alt.

**Saya minta ambil potrét dengan saudara.**
*Ich bitte nehmen Foto mit Ihnen.*
Ich bitte Sie um ein Foto mit Ihnen.

## Kaufen und Handeln

Das Kaufen und damit verbundene Handeln kann in Indonesien sehr viel Spaß machen, aber manchmal auch ziemlich nerven. Hier nun einige Tips:

**Harga pas** heißt "Fester Preis". In den meisten (nicht touristischen) Geschäften, in Hotels und Restaurants darf nicht gehandelt werden.

### höfliches Handeln:

Sind in einem Laden oder auf dem Markt die Waren weder ausgezeichnet noch ein Schild "**Harga pas**" zu sehen, empfiehlt es sich erst einmal nach dem Preis zu fragen. Wenn der Verkäufer Dir antwortet, Du möchtest ihm ein Angebot machen, stell dich auf längeres Handeln ein. Grundregel ist, gelassen und höflich zu bleiben, auch wenn Du ganz genau weißt, daß der genannte Preis völlig übertrieben ist. Touristenpreise sind immer höher, aber auch gut betuchte Einheimische zahlen mehr. Wie hoch der Einstiegspreis ist, richtet sich nach vielen Dingen, nach Deiner Erscheinung, der Region, der Häufigkeit von Touristenbesuchen etc. In Bali beginnt man in der Regel mit mindestens dem 4-fachen Preis, in Lombok mit dem doppelten, in abgelegenen Gebieten sagt man normalerweise den korrekten Preis.

Du sagst also nun Deine Preisvorstellung, die niedriger als Dein wirklicher Endpreis sein sollte, damit es noch "etwas Spiel" gibt. Das beste ist natürlich, Du kennst den wahren Wert der Sache. Denk aber daran, daß jeder nach **seinem** Geldbeutel zahlt, man also kaum darauf bestehen kann, gleichviel wie ein anderer, ärmerer zu zahlen.

Glaubst Du ein faires Angebot gemacht zu haben, der Händler aber nicht darauf eingeht, versuche das "Weggehspiel": Du deutest an, daß Dir die Sache zu teuer ist und verläßt höflich grüßend den Laden. War Dein Preis wirklich akzeptabel, kannst Du sicher sein, daß man Dir folgt und "klein beigibt".

Gehandelt werden muß auf Märkten, bei Straßenverkäufern, in Touristenläden etc.

Wer auf Indonesisch verhandelt, hat einen großen Vorteil, da man ihm Erfahrung zubilligt.

## Nützliche Wörter

| | |
|---|---|
| **beli, membeli** | kaufen |
| **jual** | verkaufen |
| **menawar, tawar** | handeln; feilschen |
| **harga** | Preis |
| **harga biasa** | normaler Preis |
| **harga pas** | fester Preis |
| **berapa harga** | wie teuer |
| **kwalitét** | Qualität |
| **warna** | Farbe |
| **rugi** | Schaden nehmen |
| **terlalu** | zu (– viel) |
| **murah** | billig |
| **mahal** | teuer |
| **kurang** | weniger; reduziert |
| **turun** | (mit dem Preis)runtergehen |
| **lihat saja** | nur gucken |
| **macam** | Art; Typ |
| **mencoba** | anprobieren |
| **pabrik** | Fabrik; jeder Platz an dem Leute etwas herstellen |
| **membuat,bikin** | machen; herstellen |
| **dibuat** | gemacht; hergestellt |

## Typisches Marktgespräch

T. = Tourist V. = Verkäuferin

T.: **Selamat pagi, Bu. Pisang ini, harganya berapa?**
*Guten morgen, Ma. Bananen diese, Preis wieviel?*
Guten Morgen, Bu. Wie teuer sind diese Bananen?

V.: **Selamat pagi. Satu kilo tiga ratus Rupia**
Guten Morgen. Ein Kilo 300 Rupien

T.: **Aduh, Ibu. Terlalu mahal. Saya tidak mau tau harga turis! Harga biasa berapa?**
*Huch, Ibu. Zu teuer. Ich nicht möchten wissen Preis Touristen! Preis normal wieviel?*
Huch, Ibu. Ich möchte nicht den Touristenpreis wissen. Wieviel kosten sie normalerweise?

## Waren (barang)

| | | | |
|---|---|---|---|
| **hiasan** | Schmuck | **cincin** | Ring |
| **gading** | Elfenbein | **rantai** | Kette |
| **perak** | Silber | **gelang** | Armband, –reif |
| **pakaian** | Kleidung | **tulang** | Knochen |
| **mas** | Gold | **print** | Druck |
| **kain panjang** | langer Stoff | **selimut** | Decke |
| **lukisan** | Gemälde; Bilder | | |
| **kain sarong** | Sarong-Stoff | | |
| **topéng** | Maske | | |
| **keméja** | Bluse; Hemd | | |
| **ukiran kayu** | Holzschnitzerei | | |
| **rok** | Kleid; Rock | | |
| **tas** | Tasche | | |
| **taplak méja** | Tischtuch (**méja** = Tisch) | | |
| **kulit** | Haut; Leder | | |
| **wayang kulit** | Schattenspielfigur | | |
| **barang 2 kulit** | Lederwaren | | |
| **seperai** | Bettdecke | | |
| **batik tulis** | handgemalte Batik | | |
| **batik cap** | Batik m. gestempeltem Muster | | |
| **cap** | Marke, Stempel | | |
| **anting anting** | Ohrringe | | |

V.: **Tiga ratus harga biasa.**
*300 Preis normal.*
300 ist der normale Preis.

T.: **Saya ambil ini untuk dua ratus Rupia.**
*Ich nehmen dies für 200 Rupie.*
Ich nehme sie für 200 Rupie.

V.: **Saya rugi, tetapi boléh.**
*Ich Schaden, aber möglich.*
Ich mache Verlust, aber es ist O.K.

## Geschäftliches

| | |
|---|---|
| **macam** | Marke, Art |
| **dagang** | Gewerbe |
| **impor** | importieren |
| **mengékspor** | exportieren |
| **impotir** | Importeur |
| **ékspotir** | Exporteur |
| **langanan** | Lieferant; Auslieferer |
| **untung** | Profit |
| **jumlah** | Summe; Menge; Quantität |
| **biji** | Stück |
| **contoh** | Muster; Beispiel |
| **pesan** | Bestellung |
| **mengangkut, pengiriman** | verschiffen, verschicken |
| **ekspéditur** | Agentur |
| **kirim** | senden; verschicken |
| **membungkus** | verpacken |
| **bungkus** | Paket |
| **asuransi** | Versicherung |

**Dimana ada éksportir untuk barang ini?**
*Wo gibt es Exporteur für Ware diese?*
Wo gibt es für diese Ware einen Exporteur?

**Saya minta harga dagang untuk batik ini.**
*Ich bitte Preis Geschäft für Batik diese.*
Ich bitte um den Geschäftspreis für diese Batik.

**Berapa biji bisa membuat pér bulan?**
*Wieviel Stücke können herstellen pro Monat?*
Wieviel Stück können Sie pro Monat herstellen?

**Saya perlu tiga contoh macam ini.**
*Ich brauche drei Muster Art dieser.*
Ich brauche drei Muster dieser Art.

**Saya mau kirim barang ini ke Jerman.**
*Ich möchte verschicken Ware diese nach Deutschl.*
Ich möchte diese Ware nach Deutschland verschicken.

**Ada éksportir yang paling baik?**
*Gibt es Exporteur welcher sehr gut?*
Welcher Exporteur ist sehr gut?

**Saya mau kirim barang barang ini didalam dua hari**
*Ich möchte verschicken Ware diese innerhalb 2 Tagen.*
Ich möchte diese Ware in den nächsten zwei Tagen verschicken.

**Siapa bisa membungkus untuk saya?**
*Wer können verpacken für ich?*
Wer kann für mich das Verpacken übernehmen?

**Tolong, bikin bungkus kuat sekali.**
*Bitte, machen Paket stark sehr.*
Bitte, machen Sie eine starke Verpackung.

**Assuransi perlu untuk saya?**
*Versicherung nötig für ich?*
Ist eine Versicherung wichtig für mich?

**Boléh saya mencoba rok ini?**
*Möglich ich probieren Kleid dieses?*
Darf ich dieses Kleid anprobieren?

## Farben (warna)

| | | | |
|---|---|---|---|
| **kelabu** | grau | **kuning** | gelb |
| **biru** | blau | **coklat** | braun |
| **mérah** | rot | **putih** | weiß |
| **hijau** | grün | **hitam** | schwarz |

Durch die Worte **tua** (alt) = dunkel oder **muda** (jung) = hell kannst Du die Farbnuancen bestimmen.

# Ämter und Behörden

Indonesien ist ein Bürokratenstaat. Wenn Du etwas Außergewöhnliches willst, kommst Du um "das Amt" (**Kantor**) nicht herum.

Ganz kurz die wichtigsten Regeln:

- Kleide dich ordentlich (siehe Abbildung). Man legt hier sehr viel Wert auf Äußeres. Solange Du Dich an die Spielregeln hältst, wird man Dir hilfreich und höflich entgegenkommen.
- Versuche direkt zum **Kepala** (Chef) vorzudringen. In der Regel haben alle anderen Personen, die herumstehen oder sitzen, nicht viel Kompetenz. Außerdem spricht der Kepala, wenn nicht Englisch, dann zumindest Indonesisch.
- Warte nicht, wenn man Dir sagt, daß der **Kepala** gerade nicht da wäre, aber gleich wiederkäme. Gehe am nächsten Tag wieder hin.

Alle wichtigen Büros findest Du in den Provinzhauptstädten.

- In den kleinen Orten gehe zum **"Kepala Kampung"**, dem Bürgermeister. Das sind nette und freundliche Menschen, die jede Information über das Dorf und die Umgebung haben oder Dir vermitteln können. Die **"Kepala Kampung"** sprechen meistens kein Englisch, aber immer **Bahasa Indonésia"**. In abgelegenen Gebieten sind das oft die einzigen, die nicht nur die Lokalsprache sprechen.
- Selbst in den kleinsten und einsamsten Dörfern gibt es Schulen.

Lehrer sind auch sehr gute Ansprechpartner.

### Schulen

| | | |
|---|---|---|
| SD | **Sekolah Dasar** | Elementarschule |
| SMP | **Sekolah Menéngah Pertama** | Mittelschule |
| SMA | **Sekolah Menéngah Atas** | Oberrealschule |
| UI | **Univérsitas Indonésia** | Universität Ind. |

### Büro – und Rangordnung

| | | |
|---|---|---|
| **Bupati** | (= Provinz – Chef) | **Kantor Bupati** |
| **Camat** | (= Distrikt – Chef) | **Kantor Kecamatan** |
| **Kepala Désa** | (= Gemeinde – Chef) | **Kantor Kepala D.** |
| **Kepala Kampung** | (= Dorf – Chef) | **Kantor Kepala K.** |

Hast Du z.B. ein Empfehlungsschreiben vom **Bupati**, verpflichtet das die untergeordneten "Bosse" in den Gemeinde-Büros, ein Brief vom **Camat** bewirkt dasselbe gegenüber den Bürgermeistern usw. Überspringe keine "Zwischen-Behörde". Vom **Camat** also erst zum **K. Désa**, dann zum **K. Kampung.** Das vermeidet böses Blut. Noch etwas: Verwechsel nicht **kepala** = Kopf mit **kelapa** = Kokosnuß, **kepala kelapa** heißt dann "Hohlkopf". Es empfiehlt sich nicht, dies als Anrede zu benutzen.

## Ausfüllen von Formularen

| | |
|---|---|
| nama keluarga | Familienname |
| nama; alamat | Name; Adresse |
| alamat léngkap | Adresse; gesamte |
| tanggal (tgl.) | Geburtsdatum |
| tempat lahir | Geburtsort |
| umur | Alter |
| kebangsaan | Nationalität |
| agama | Religion |
| surat keterangan | Identifikationspapiere |
| nomor paspor | Passnummer |
| maksud kunjungan | Grund der Reise |
| pekerjaan | Beruf |
| kawin | Ehestand/verheiratet |
| meterai tempel | Gebührenmarke |
| melapor | (sich) melden |
| tanda tangan | Unterschrift |

## Bei der Polizei

Auch in Indonesien kann man mal bestohlen werden. Falls das wirklich eintrifft, wird das ein nervenaufreibendes und tagfüllendes Programm!

**Saya kecurian.**
*Ich bestohlen.*
Ich bin bestohlen worden.

**Pencuri hilang ke .... (– sana).**
*Dieb verschwinden nach .... (dort).*
Der Dieb ist nach .... (dort) verschwunden.

**Dimana ada kantor polisi?**
*Wo gibt-es Büro Polizei?*
Wo ist die Polizeistation?

| | |
|---|---|
| **pencuri; – an** | Dieb,Diebe,Diebin; Diebstahl |
| **curi, mencuri** | stehlen |
| **kecurian** | bestohlen |
| **hilang** | verschwinden |
| **ambruk** | einbrechen |
| **assuransi** | Versicherung |
| **kunci; uang** | Schloß, Schlüssel; Geld |
| **paspor; lapor** | Ausweis; Bericht |

## in der Bank

| | |
|---|---|
| **cabang** | Zweigstelle |
| **harga** | Kurs |
| **hubungi** | Kontakt |
| **tukar** | wechseln |
| **pengiriman** | Überweisung |
| **formulir kiriman** | Überweisungsformular |
| **pengirim** | überweisen |
| **perbandingan harga** | Wechselkurs |
| **terlambat** | zu spät |
| **transfér** | transferieren |
| **uang** | Geld |
| **uang kontan, uang tunai** | Bargeld |

**Saya mau tukar Dolar Amérika.**
*Ich möchte wechseln Dollar Amerika.*
Ich möchte amerikanische Dollar wechseln.

**Berapa perbandingan harga?**
*Wieviel Wechsel – Kurs?*
Wie hoch ist der Wechsel – Kurs?

**Ada kiriman untuk saya?**
*Gibt es Überweisung für ich?*
Haben Sie eine Überweisung für mich?

**Ma'af. Belum datang.**
*Entschuldigung. Noch nicht angekommen.*
Tut mir leid. Es ist noch nichts angekommen.

**Kiriman ini sudah satu minggu terlambat.**
*Überweisung diese schon 1 Woche zu spät.*
Die Überweisung ist schon 1 Woche zu spät.

**Ada formulir kiriman untuk saya?**
*Gibt es Formular Überweisung für ich?*
Haben Sie ein Überweisungsformular für mich?

**Tolong hubungi cabang Jakarta untuk saya!**
*Bitte kontakten Zweigstelle Jakarta für ich!*
Bitte kontakten Sie die Zweigstelle Jakarta für mich.

## auf der Post

| | |
|---|---|
| **aérogram; porto** | Aerogram; Porto |
| **cabang** | Zweigstelle |
| **kantor pos; kartu pos** | Post, Postkarte |
| **surat** | Brief |
| **kirim; mencata** | senden; einschreiben |
| **menyetémpel** | stempeln |
| **meterai pos, perangko** | Briefmarke |
| **pakét** | Päckchen |
| **pusat** | zentral |

| | |
|---|---|
| surat | Brief |
| éksprés | Express Service – für internationale Post |
| kilat | Express Service – innerhalb Indonesiens |
| **kilat khusus** | eingeschriebener Brief |
| **tilgramm, surat kawat** | Telegramm |
| **surat kawat** | Telegramm |
| **kabar kawat besar** | Telegramm nach Übersee |
| **télepon, talipun** | Telephon |
| **menelépon** | telefonieren |
| **pembicaraan télépon** | Telephongespräch |

**Saya mau kirim surat ini ke Jérman–Barat**
*Ich möchte schicken Brief diesen nach Deutschland–West.*
Ich möchte diesen Brief nach West–Deutschland schicken.

**Mau kirim pos udara?**
*Möchten senden Post Luft?*
Möchten Sie ihn per Luftpost verschicken?

**Ya, dan éksprés.**
*Ja, und Express.*
Ja, und per Express.

**Saya mau kirim surat mencata.**
*Ich möchte senden Brief eingeschrieben.*
Ich möchte einen eingeschriebenen Brief ver–schicken.

**Dimana ada kantor télégram?**
*Wo gibt es Büro Telegramm?*
Wo gibt es das Amt für Telegramme?

**Saya minta menyetémpel surat ini sekarang.**
*Ich bitten stempeln Brief diesen jetzt.*
Bitte stempeln Sie diesen Brief sofort ab.

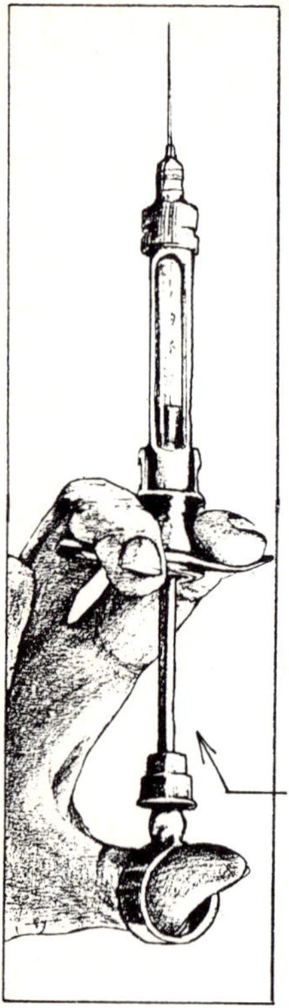

## beim Arzt

| | |
|---|---|
| **apotik** | Apotheke |
| **berak berak** | Durchfall |
| **demam** | Fieber |
| **diagnose** | Diagnose |
| **doktér** | Doktor |
| **inféksi** | Infektion |
| **inpluénza** | Grippe |
| **kaki** | Bein |
| **koléra** | Cholera |
| **kwitansi** | Quittung |
| **lengan** | Arm |
| **malaria** | Malaria |
| **masuk angin** | Erkältung (**masuk** = herein-kommen; **angin** = Wind) |
| **mengerjakan** | behandeln |
| **obat** | Medizin |
| **panggil** | rufen |
| **patah** | gebrochen |
| **penilikan** | Behandlung |
| **pusing** | Kopfschmerzen |
| **rumah sakit** | Krankenhaus |
| **sakit; séhat** | krank; Gesundheit |
| **suntik** | Injektion |
| **toko obat** | Drogerie |
| **tulisan** | Schreiben; Schriftstück |
| **sakit gigi** | Zahnschmerzen |
| **gigi** | Zahn |
| **dokter gigi** | Zahnarzt |
| **pencernaan** | Verdauung |
| **doktér anak** | Kinderarzt |

**gangguan pencernaan makanan**
*Störung Verdauung Essen*
Verdauungsstörung

**Saya sakit. Ada doktér dekat disini?**
*Ich krank. Gibt es Doktor nah hier?*
Ich bin krank. Gibt es in der Nähe einen Doktor?

**Dimana ada rumah sakit, yang paling baik?**
*Wo gibt es Haus kank, welches sehr gut?*
Wo gibt es ein Krankenhaus, welches sehr gut ist?

**Saya sakit inpluenza.**
*Ich krank Grippe.*
Ich habe Grippe.

**Tolong beli obat untuk saya di apotik.**
*Bitte kaufen Medizin für ich in Apotheke.*
Bitte kaufe Medizin für mich in der Apotheke.

**Saya perlu obat untuk berak berak.**
*Ich brauche Medizin für Durchfall.*
Ich brauche Medizin gegen Durchfall.

**Tolong! Panggil taksi!**
*Bitte! Rufen Taxi!*
Bitte, rufe ein Taxi.

**Tolong! Kaki teman saya patah.**
*Hilfe! Bein Freund mein gebrochen.*
Hilfe! Das Bein meines Freundes ist gebrochen.

**Bawa kami ke rumah sakit.**
*Bringen wir nach Krankenhaus.*
Bringen Sie uns zum Krankenhaus.

**Saya perlu kwitansi untuk asuransi saya.**
*Ich brauchen Quittung für Versicherung mein.*
Ich brauche eine Quittung für meine Versicherung.

**Kasih suntik, tidak boleh.**
*Geben Spritze, nein erlaubt.*
Sie dürfen mir keine Spritze geben.

**Saya minta surat diagnose untuk asuransi saya, Pak doktér.**
*Ich bitten-um Brief Diagnose für Versicherung mein, Vater Doktor.*
Ich bitte um eine schriftliche Diagnose für mein Versicherung, Herr Doktor.

# Ein ganz normales Gespräch

Wenn Du ein bißchen Indonesisch sprichst, wirst Du feststellen, wie gerne Indonesier sich mit Dir unterhalten. Man wird Dir immer wieder die gleichen Fragen stellen (die unten aufgeführten). Für uns ist es ungewöhnlich, von Fremden so persönliche Fragen gestellt zu bekommen. Denke daran, daß Du Dich in einer anderen Kultur befindest. Wenn es Dir unangenehm ist, versuche auszuweichen oder stelle Du die Fragen zuerst.

Diese "Small Talks" sind andererseits eine gute Möglichkeit Deine Indonesisch-Kenntnisse anzuwenden und zu erweitern.

| | |
|---|---|
| **jalan jalan** | spazierengehen |
| **sudah pernah** | schon gewesen sein |
| **kawin** | verheiratet |
| **umur** | Alter |
| **istri** | Ehefrau |
| **suami** | Ehemann |
| **asal, asli** | ursprünglich; original |
| **orang asing** | Fremder |
| **anak** | Kind |

**Mau kemana?**
*Möchten wohin?*
Wohin willst Du?

**Mau jalan – jalan saja.**
*Möchten spazieren gehen, bloß.*
Ich will nur spazieren gehen.

**Sudah bisa bicara bahasa Indonesia?**
*Schon können sprechen Sprache Indonesisch?*
Kannst Du schon Indonesisch?

**Belum, sedikit saja.**
*Noch nicht, bißchen bloß.*

**Sudah berapa lama disini?**
*Schon wieviel lange hier?*
Wie lange bist Du schon hier?

**Sudah tiga bulan.**
*Schon drei Monate.*

**Sudah bisa makan nasi?**
*Schon können essen Reis?*
Kannst Du schon Reis essen?

**Sudah bisa**
*Schon können.*
Kann ich schon vertragen.

**Siapa nama. Nama saya Wayan.**
*Wer Name? Name mein Wayan.*
Wie heißt Du? Mein Name ist Wayan.

**Nama saya Gunda.**
*Name ich Gunda.*
Mein Name ist Gunda.

**Sudah kawin?**
Schon verheiratet?

**Ya, sudah tiga tahun.**
*Ja, schon drei Jahre*

**Sudah punya anak.**
*Schon besitzen Kinder?*

**Ya, sudah dua puluh.**
Ja, schon zwanzig.

Allgemeines Erstaunen, dann Lachen.

**Saya tidak mengerti.**
*Ich nicht verstehen.*
Ich verstehe Dich nicht.

**Saya belum mengerti maksud anda.**
*Ich noch – nicht verstehen Absicht Deine.*
Ich habe Deine Absicht noch nicht verstanden.

## Herzensangelegenheiten

| | |
|---|---|
| **cinta** | Liebe |
| **céwék** | "Mieze" (Mädchen) |
| **cowok** | "Macker" (Junge) |
| **pacar** | Geliebte, –r (Partner) |
| **kawin** | verheiratet (auch: beischlafen) |
| **nikah** | verheiratet (offiziell) |
| **patah hati** | Liebeskummer (gebrochenes Herz) |
| **susah hati** | Liebeskummer |
| **cari céwék** | Frauen "aufreißen" |
| **ayam kampung** | Mädchen vom Lande (Dorfhuhn) |
| **malam minggu** | Wochenende |
| **kupu kupu malam** | Prostituierte (Nachtfalter) |
| **cium** | küssen |

**Dia pergi cari céwék**
*Er gehen suchen Frauen.*
Er geht los "Frauen suchen"

**Sudah punya pacar?**
*Schon besitzen Freund(in)?*
Hast Du schon eine(n) Freund (in)?

Die verbreitete Frage nach dem Ehestand: **Sudah kawin?** kann man (aber nur als Mann) mit folgendem doppeldeutigen Wortspiel beanworten:

**Sudah sering, tetapi belum nikah**
*schon oft, aber noch–nicht verheiratet*

Klar, daß Du diesen Scherz nur gegenüber Gleichrangigen "einsetzt".

Zuguterletzt:

| | |
|---|---|
| **penyakit kotor** | Geschlechtskrankheit |
| **Ahli Penyakit Kelamin** | Arzt für Geschlechtskrankheiten |

# Rund um's Kind

**NEU** Nicht auf TB-Cassette

Die Familie und insbesondere die Kinder haben in der indonesischen Gesellschaft großes Gewicht. Was immer Kinder auch anstellen - sie sind unschuldig, sie machen nichts falsch. Indonesien, insbesondere Bali, scheint mir ein Paradies für Reisen mit Kindern zu sein. Die beiden folgenden Fragen wird man immer wieder stellen:

**Sudah punya berapa anak?**
*Schon besitzen wieviel Kind?*
Wieviel Kinder hast Du schon?

**Berapa umur?**
*Wieviel Alter?*
In welchem Alter? oder Wie alt?

Auf die Antwort "**satu anak.**" (ein Kind) bekommst Du mit Sicherheit zu hören:

**Tidak cukup!**
*Nein genug!*
Nicht genug!

Nützliche Wörter:

| | |
|---|---|
| **bayi** | Baby |
| **anak bedungan** | Windelkind |
| **anak susuan** | Säugling |
| **lampin, bedung** | Windel |
| **melampini, membedung** | wickeln |
| **celena melampini** | Windelhöschen |
| **buaian** | Wiege |
| **bergoyong, membuaikan, berayun-ayun** | wiegen, schaukeln |
| **lagu nina bobo** | Wiegenlied |
| **tempat tidur** | Bett |
| **susu** | Mutterbrust, Busen |
| **air susu** | Milch (Mutter-) |
| **susu kental** | Kondensmilch (meistens gesüßt) |
| **susu lengkap** | Vollmilch |
| **menyusui** | stillen |
| **penyusu** | Amme |
| **ibu** | Mutter |
| **hamil** | schwanger, Schwangerschaft |
| **babu anak** | Kindermädchen |
| **mendapat bulan** | seine Periode bekommen |
| **dokter kanak kanak** | Kinderarzt |
| **taman kanak kanak** | Kindergarten |
| **manis** | süß, hübsch |
| **cantik** | hübsch (für Mädchen) |
| **anak manis** | süßes Kind |
| **anak cantik** | hübsches Mädchen |

## *Rund um's Boot*

NEU Nicht auf TB-Cassette

In dem Inselreich Indonesien ist man zwangsläufig auf Fähren bzw. Boote angewiesen. In abgelegeneren Gebieten ist man manchmal darauf angewiesen, ein Boot zu chartern. Mit folgenden Sätzen und Fragen ist das Wichtigste vorweg abzuklären:

**Kapan ada feri ke ...?**
*Wann gibt-es Fähre nach ...?*
Wann geht die nächste Fähre nach ...?

**Jam berapa kami tiba di ...?**
*Stunde wieviel wir erreichen in ...?*
Um wieviel Uhr erreichen wir ...?

**Berapa jam kami perlu dari sini ke sana?**
*Wieviel Stunden wir benötigen von hier nach dort?*
Wieviel Stunden benötigen wir von hier bis dort?

**Saya mau ke ... untuk dua hari.**
*Ich möchten nach ... für zwei Tage.*
Ich möchte für zwei Tage nach ...

**Dimana bisa charter bot?**
*Wo können chartern Boot?*
Wo kann ich ein Boot chartern?

**Harganya berapa ke ... p.p.?**
*Preis wieviel nach ... weggehen nach-Hause-kommen?*
Wieviel kostet eine Tour nach ... und zurück?

**Itu terlalu mahal.**
*Das zuviel teuer.*
Das ist viel zu teuer.

**Bot itu terlalu kecil/besar.**
*Boot dieses zuviel klein/groß.*
Das Boot ist zu klein/groß.

**Berapa lama?**
*Wieviel lange?*
Wie lange dauert es?

**Kami harus bawa makanan sendiri?**
*Wir müssen tragen Essen selber?*
Müssen wir Essen mitnehmen?

Die Buchstaben **p.p.** werden Dir hin und wieder bei Busagenturen bzw. Transportpreistafeln auffallen. **p.p.** bedeutet **pergi-pulang** (= weggehen - nach Hause kommen), entspricht also unsererem Wort "Rückfahrt".

# *Im National Park*

NEU Nicht auf TB-Cassette

In Indonesien gibt es 25 Naturschutzgebiete. Zusmmengefaßt ergäben sie eine Größe von 64.000 km$^2$. Betreten darf man diese Nationalparks normalerweise nur mit einer Genehmigung und einem Guide. Folgende Fragen und Sätze können nützlich sein.

**Binatang apa itu?**
*Tier welches dort?*
Was für ein Tier ist das?

**Besok saya mau naik 'Gunung Arab'.**
*Morgen ich möchten steigen 'Berg Arab'.*
Ich möchte morgen zum 'Gunung Arab' laufen.

**Guide, harganya berapa untuk satu hari/tiga jam?**
*Guide Preis-sein wieviel für ein Tag/drei Stunde?*
Wie teuer ist ein Guide für 1 Tag/3 Stunden?

**Disana ada rumah atau tempat tidur?**
*Dort gibt- es Haus oder Platz schlafen?*
Gibt es dort Unterkünfte zum Übernachten?

**Minta tolong, kasih bangun pagi-pagi.**
*Bitte Hilfe, geben aufstehen morgens-morgens.*
Bitte wecken sie mich morgen ganz früh.

**Saya mau pergi jam tujuh pagi.**
*Ich möchten weggehen Uhr 7 morgens.*
Ich möchte um 7.00 Uhr morgens loslaufen.

**Yang apa kami harus bawa? Makanan? Minuman?**
*Welches was wir müssen tragen? Essen? Trinken?*
Was müssen wir mitnehmen? Essen? Trinken?

**Berapa jam dari sini sampai puncak?**
*Wieviel Stunde von hier bis Gipfel?*
Wieviel Stunden benötigt man bis zum Gipfel?

**Berapa jauh lagi?**
*Wieviel weit noch?*
Wie weit ist es noch?

**Saya mau istriahat dulu.**
*Ich möchten ausruhen erst.*
Ich möchte erstmal eine Pause machen.

**Disini ada orang, yang bisa bicara Bahasa Inggeris?**
*Hier gibt-es Mensch, welcher können sprechen Sprache Englisch?*
Spricht hier jemand Englisch?

**Ada orang, yang bisa masak untuk kami?**
*Gibt-es Mensch, welcher können kochen für wir?*
Gibt es jemanden, der für uns kochen kann?

*Wichtige Vokabeln*

| | |
|---|---|
| **pohon** | Baum |
| **teluk, loh** | Bucht |
| **gunung, doro** | Berg |
| **kampung** | Dorf |
| **kepala kampung** | Dorfchef |
| **mudah** | einfach |
| **ijin** | Erlaubnis |
| **boleh** | erlaubt |
| **batu** | Fels/Stein |
| **datar** | flach, eben |
| **sungai, kali** | Fluß |
| **jalan setapak** | Fußweg |
| **antar** | führen |
| **rumput** | Gras |
| **puncak** | Gipfel |
| **kebun** | Garten |
| **labuan** | Hafen |
| **bukit** | Hügel |
| **pulau** | Insel |
| **buaya laut** | Krokodil |
| **ora, buaya darat** | Komodo Waran |
| **karang** | Korallen |
| **jalan kaki** | laufen |
| **lobang** | Loch |
| **laut** | Meer |
| **lumpur** | Matsche, Schlamm |
| **tenggah** | Mitte |
| **dekat** | nah |
| **utara** | Nord |
| **timur** | Ost |
| **tikus** | Ratte |
| **hujan** | Regen |
| **curam, terjal** | steil/aufsteigend |
| **ular** | Schlange |
| **sulit** | schwierig |
| **arus** | Strömung |
| **selatan** | Süden |
| **danau** | See |
| **kota** | Stadt |

| | |
|---|---|
| **selat** | (Meeres-)Straße |
| **binatang** | Tier |
| **air putih** | Trinkwasser |
| **dilarang** | verboten |
| **burung** | Vogel |
| **awas** | Vorsicht |
| **hutan** | Wald |
| **jauh** | weit |
| **jalan** | Weg |
| **air** | Wasser |
| **angin** | Wind |
| **ombak** | Welle |

# Bücherliste

***How to master the Indonesian Language,*** Penerbit Djambatan, Indonesien, 1979, in Indonesien erhältlich, preiswert, engl. ca. 1500 Rp.

***Lehrbuch der indonesischen Sprache,*** Erich-Dieter Krause, VEB Verlag Enzyklopädie Leipzig. 2. unveränderte Auflage 1984. Sehr gutes Buch.

***Bahasa Indonesia,*** Julius Groos Verlag, Heidelberg, 1985. Recht brauchbares Lehrbuch. Allerdings teuer: ca. DM 75,- (ohne Kassetten). Reichlich Anmerkungen zum indonesischen Alltag.

**Wörterbücher**

Wenn Du mit diesem Sprachführer reist, solltest Du Dir unbedingt eins der überall in Indonesien erhältlichen Miniwörterbücher kaufen. Alle haben praktisches Taschenformat und sind recht billig. Von 2000 bis 100.000 Wörtern (engl./indon.). Kaufe die Büchlein immer im Laden, dort sind sie entschieden billiger, als auf der Straße.

***Kamus Bahasa Jerman-Indonesia, Kamus Bahasa Indonesia-Jerman,*** gewichtiges Deutsch/Indonesisches Wörterbuch, zwei Bände, fester grauer Einband, von Penerbit "Sumur Bandung", 1980, je 700 S., das beste, was es Deutsch-Indonesisch gibt, leider sehr schlechte Buchbinder- und Druckqualität, auch eigenartige Organisation der Wörter, aber man gewöhnt sich daran. 7000 Rp. je Band.

***Deutsch-Indonesisch,*** Wörterbuch, Gerhard Kahlo, Rosemarie Simon-Bärwinkel, Max Hueber Verlag, München, 4. Auflage 1985, 400 S., geb., DM 78,-. Dieses Wörterbuch ist die 4. Nachauflage der bereits 1967 erschienenen Zweitauflage, noch nicht einmal die 1972 stattgefundene Orthographiereform ist berücksichtigt. Veraltet!

**Deutsch-Indonesisch**, Wörterbuch von Adolf Heuken, 667 Seiten, ca. 50.000 Stichwörter. Im Oktober 1988 erschienen. Sehr umfangreich, groß, dick und entsprechend schwer – für die Reise leider nicht geeignet. Preis: ca. DM 58.00. Langenscheidt, Berlin.

**Indonesisch-Deutsch**, Wörterbuch, Erich-Dieter Krause unter Mitarbeit von Rosemarie Simon-Bärwinkel, Leipzig, DDR. Lizenzausgabe: Max Hueber Verlag, München 1985, 492 S. Umfangreichstes Indonesisch-Deutsch-Wörterbuch mit ca. 47.000 Stichwörtern, unter anderem auch ein reichhaltiges botanisches und zoologisches Vokabular (mit deutschen und lateinischen (!) Bezeichnungen). Der Vorteil dieses Wörterbuches ist, daß die Präfix-Formen alphabetisch aufgeführt wurden. Bei den meisten Wörterbüchern muß man erst die Grundform des Stammwortes herausfinden (siehe auch Kapitel Vor- und Nachsilben).

**Kamus Jerman-Indonesia / Indonesia - Jerman**, Verlag "Penerbit Indah" (No. 136887): Auflage 1985; 365 S., schwarz-pink-gelber Einband; klein-handlich. Gutes Wörterbuch zusätzlich zum Kauderwelsch, ca. 2.000 Rp.; nur in Indonesien.

**Kamus Lengkap**, vom Verlag: Penerbit Hasta, Bandung. Das Buch ist schwarz mit gelber und weißer Schrift und nur echt mit einer Registriernummer auf der ersten Seite und einer echten (!) Unterschrift. Indonesier sind Weltmeister im abkupfern. 3. Aufl. 1980, (engl-indon./indon.-engl.) Gutes hat seinen Preis: ca. 12.000 Rp.

**Kamus Remaja**, (engl.-indon./indon.-engl.), Verlag Penerbit Angkasa, Bandung, 1972, sehr gutes Wörterbuch für den Grundwortschatz, wichtig: Synonym-Erklärung. Fester Einband, ca. 1.500 Rp.

### Informationen über Land und Leute

**Indonesien verstehen.** Erhältlich beim "Studienkreis für Tourismus e. V.", Dampfschiffstraße 2, W-8130 Starnberg (neue PLZ: 82319), Kostet nur 5,- DM, der Versand erfolgt unfrei.

## weitere Kauderwelsch-Bände für die Region

Jeder Kauderwelsch-Band hat zwischen 96 und 160 Seiten. Zu jedem Band ist eine Tonband-Kassette erhältlich. Kostenpunkt: Buch und Kassette jeweils DM 14.80.

- ***Malaiisch für Globetrotter*** von Martin Lutterjohann, Kauderwelsch-Band 26. Wer schon etwas Indonesisch spricht, für den ist Malaiisch ein Kinderspiel: gleiche (einfache) Grammatik, nur die Vokabeln sind etwas unterschiedlich.
ISBN 3-922376-47-9
- ***Pidgin-English für Papua-Neuguinea*** von Albrecht Schäfer, Kauderwelsch-Band 18. Wer das indonesische Irian Jaya oder Papua-Neuguinea bereisen will, ist mit diesem Sprachführer gut versorgt.
ISBN 3-922376-89-4
- ***Thai für Globetrotter*** von Martin Lutterjohann, Kauderwelsch-Band 19.
ISBN 3-922376-94-0
- ***Laotisch für Globetrotter*** von Klaus Werner, Kauderwelsch-Band 60.
ISBN 3-89416-250-3
- ***Vietnamesisch für Globetrotter*** von Monika Heyder, Kauderwelsch-Band 61.
ISBN 3-89416-251-1
- ***Khmer für Globetrotter*** von Claudia Götze u. Sam Samnang, Kauderwelsch-Band 62.
ISBN 3-89416-252-X
- ***Burmesisch für Globetrotter*** von Harald Fungk, Kauderwelsch-Band 63.
ISBN 3-89416-253-8
- ***Sprachbuch SÜDOST-ASIEN*** ist die Sammelausgabe der Kauderwelsch-Bände "Indonesisch", "Tagalog" und "Thai". Ungekürzt ist es der ideale Begleiter für Reisende, die mehrere Länder Südost-Asiens besuchen. Preisvorteil: über DM 13.00!
ISBN 3-922376-33-9, DM 24.80

Peter Rump

# Bali & Lombok mit Java

Handbuch für individuelles
Reisen und Entdecken

552 Seiten, zusätzlich
16 Farbseiten, DM 36.80
ISBN 3-89416-173-6

Das 552 Seiten starke Reisehandbuch verbindet in idealer Weise Hintergrundwissen mit praktischen Reiseinformationen. In ihm findet man fundierte Beiträge zum Leben und zur Kultur der Einwohner dieser indonesischen Inseln neben zuverlässigen Fakten zum Reisealltag. Die 4. Auflage wurde völlig überarbeitet, komplett aktualisiert und stark erweitert.

***Inhaltsübersicht:***

***Reisevorbereitung:*** Ausrüstung, Impfungen, beste Reisezeit, Ticketkauf etc.

***Anreise:*** Alle Möglichkeiten, nach Java, Bali und Lombok zu reisen, mit Flugzeug, Schiff, Bus oder Bahn, von Europa, Bangkok, Singapur oder Jakarta.

***Java:*** Alle Transportmöglichkeiten, die wichtigsten Orte: Jakarta, Bogor, Bandung, Borobudur, Yogyakarta, Surabaya. Was gibt's zu sehen, wo übernachten, wie weiterkommen?

***Bali & Lombok:*** Flora, Fauna, Geographie, Geschichte, Kultur, Klima, die Menschen, ihre Feste, ihr Alltag, ihre Religionen (Hinduismus, Islam), Tänze, Kunst, das Familienleben etc.

***Konkrete Tips zum Reisen:*** Transportmittel (vom Einbaum bis zum Linienjet), Übernachtungsmöglichkeiten für jeden Geldbeutel, ausführliche Beschreibung aller interessanten Orte, Dörfer und Sehenswürdigkeiten, Vorschläge für Wanderungen, Touren, Vulkanbesteigungen. Wo und was man essen sollte, wo die besten Strände, die schönsten Gegenden, die besten Tauchgründe sind.

Jede Menge Karten, Pläne, Tabellen, Preise, Adressen und viele interessante Abbildungen, 31 Farb- und 150 S/W-Fotos.

***Reise Know-How Verlag Peter Rump Gmbh***

Adrienne Truelove, Tina Pentes

## Reisen mit Kindern in Indonesien

224 Seiten,

ISBN 3-922376-95-9, DM 26.80

**Peter–Rump–Verlag,**
Bielefeld

Wie man mit Kindern sicher, preiswert und ohne Streß durch eines der kinderliebsten Länder Südost-Asiens reist, erklären zwei Mütter, die „es getan" haben.
Ein Reiseführer besonderer Art, der Eltern einen Leitfaden bietet, mit ihren Kindern (ab 1 Jahr) die Faszination dieses exotischen Landes zu erleben.
Sie hätten gerne ein indonesisches Kindermädchen zur Hilfe? Sie suchen eine kindgerechte Unterkunft? Sie möchten, daß Ihr Sprößling balinesisch tanzen lernt oder Schnitzen oder Flötespielen? Dieses Buch beantwortet nicht nur diese Fragen.

Wie, wohin und wann man mit Kindern am besten und preiswertesten reist, welche Gesundheitsvorkehrungen getroffen werden müssen, wie man Kulturschock bei sich und den Kindern verhindert, wie man sie auf das fremde Land vorbereitet, was ein Kind lernen und erleben kann u.v.m. behandeln die beiden Autorinnen.
Adrienne Truelove und Tina Pentes sprechen aus Erfahrung; -zigmal haben sie die schönsten und kindgerechtesten Gegenden Indonesiens bereist, mit ihren fünf Kindern.

# Indonesisch – Deutsch

| | |
|---|---|
| **A** | |
| achir | Ende |
| ada | gibt es |
| adat | Tradition |
| aérogramm | Aerogramm |
| agama | Religion |
| air | Wasser |
| air mata | Träne |
| air putih | Trinkwasser |
| air susu | Milch (Mutter-) |
| air terjun | Wasserfall |
| akan | werden |
| alamat | Adresse |
| alat potret | Fotoapparat |
| aman | sicher sein |
| ambil | nehmen |
| anak | Kind |
| anak bendungen | Windelkind |
| anak perempuan | Tochter |
| anak susuan | Säugling |
| angin | Wind |
| anjing | Hund |
| antar | führen |
| apa? | was? |
| apél | Apfel |
| api | Feuer |
| apotik | Apotheke |
| arbai, arbén | Erdbeere |
| arloji | Uhr (Armband-) |
| arti, artinya | bedeuten |
| arus | Strömung |
| asal, asli | ursprünglich |
| asam | sauer |
| asuransi | Versicherung |
| atas | oben |
| atau | oder |
| awan | Wolken |
| awas | Vorsicht |
| ayah | Vater |
| ayam | Huhn |
| **B** | |
| babi | Schwein |
| babu anak | Kindermädchen |
| bagaimana? | wie? |
| bagus, baik | gut |
| bahasa | Sprache |
| bahasa ibu | Muttersprache |
| bahaya | Gefahr |
| baik | nett |
| baik, bagus, indah | schön (b. Dingen) |
| bangun | aufstehen |
| bank | Bank |
| bantal | Kissen |
| banyak | viel, e, es |
| bapak | Vater (Anrede) |
| barang barang kulit | Lederwaren |
| barat | Westen |
| baru | neu |
| baru saja | (im) Moment |
| basah | naß |
| batal | wiederrufen |
| batik | Batik |
| batu | Fels, Stein |
| batu | Stein |
| bawa, membawa | tragen |
| bawah | unten |
| bayar | bezahlen |
| bayi | Baby |
| bébék | Ente |
| bécak | Rikscha |
| bedung, lampin | Windeln |
| bekerja | arbeiten |
| beli, membeli | kaufen |
| belok | abbiegen |
| belum | noch nicht |
| berak-berak | Durchfall |
| berangkali, kira kira | vielleicht |
| berangkat | abreisen |
| berangkat | verlassen |
| berani | mutig |
| berapa? | wieviel? |
| berapa harga? | kosten (wieviel) |
| berat | schwer |
| berenang | schwimmen |
| berfikir | denken |
| berhaya | gefährlich |
| berhenti | stoppen |
| beri, memberi | geben |
| berkata | sagen |

| | |
|---|---|
| berkeliling | rumreisen |
| berpuasa | fasten |
| besar | groß |
| bésok | morgen |
| betul | richtig |
| biasa | gewöhnlich |
| biasa | normal, üblich |
| bibir | Lippen |
| bicara | sprechen |
| bicara, berbicara | reden |
| bikin bersih | saubermachen |
| bilang | erzählen |
| binatang | Tier |
| bintang | Stern |
| bioskop | Kino |
| bir | Bier |
| biru | blau |
| bis | Bus |
| bisa | können |
| bis malam | Nachtbus |
| boléh | dürfen |
| boléh | erlaubt |
| boléh | möglich sein |
| botol | Flasche |
| buah | Früchte |
| buah buahan | Fruchtsalat |
| buah buahan | Obst (sorten) |
| buaian, bergoyong | Wiege |
| buang | Notdurft verrichten |
| buaya laut | Krokodil |
| bubur nasi | Brei (Reis-) |
| buka, membuka | öffnen |
| buka, terbuka | offen |
| bukan | kein, e, er |
| bukit | Hügel |
| buku | Buch |
| bulan | Monat |
| bulan | Mond |
| bunga | Blume |
| bungkus | Paket |
| burung | Vogel |

C

| | |
|---|---|
| cabang | Zweigstelle |
| cakap, tuturan | Gespräch |
| candi | Tempel |
| cangkir | Tasse |
| cantik | schön (b. Frauen) |
| cari, mencari | suchen |
| celana | Hose |
| celana pendek | Shorts |
| cepat | schnell |
| cerai | geschieden |
| cerai | scheiden lassen |
| cinta | Liebe |
| cium, kecup | küssen |
| coklat | braun |
| contoh | Beispiel |
| contoh | Muster, Beispiel |
| cukup | genug |
| curam | steil, aufsteigend |

D

| | |
|---|---|
| daérah | Terretorium |
| daftar makanan | Speisekarte |
| dagang | geschäftlich |
| daging | Fleisch |
| daging ayam | Hühnerfleisch |
| daging babi | Schweinefleisch |
| daging sapi | Rindfleisch |
| dan | und |
| danau | See |
| dapur | Küche |
| darah | Blut |
| dari | von (örtl.) |
| datang | ankommen |
| datang | kommen |
| datar | eben, flach |
| datar | flach, eben |
| daun | Blatt (Pflanze) |
| dekat | nah |
| demam | Fieber |
| dengan | mit |
| désa, kampung | Dorf |
| di | an |
| di | auf |
| di | bei |
| dia | er, sie, es |
| dia | sie (singular) |
| di belakang | hinten |
| di dalam | drinnen |
| di luar | draußen |
| di sana | dort hinten |
| di sini | hier |
| dibuat | gemacht |
| dibuat | hergestellt |
| dilarang | verboten |
| dilarang | verboten |
| dilarang | verboten |
| dimana? | wo? |
| dimuka | vor (räuml.) |
| dingin | kalt |
| disebelah | daneben |
| disebelah | nebenan |

| | |
|---|---|
| ditengah | Mitte |
| djari | Finger |
| doktér | Doktor |
| dokter kanak kanak | Kinderarzt |
| domba | Lamm |
| duduk | setzen |
| dunia | Welt, die |
| durian | Durian |

E

| | |
|---|---|
| ékspor | exportieren |
| éksportir | Exporteur |
| ékspréss | Express |
| énak | bequem |
| énak | komfortabel |
| énak | wohlschmeckend |
| és | Eis |

G

| | |
|---|---|
| gading | Elfenbein |
| gadis | Mädchen |
| gadji | Lohn |
| gadji | Verdienst |
| gang | Gang |
| gang | Gasse |
| garam | Salz |
| garpu | Gabel |
| gedung sandiwara | Theater |
| gelap | dunkel |
| gelas | Glas (Trink-) |
| gelisah | ruhelos |
| gembira, riang | fröhlich |
| gemuk | dick |
| gigi | Zähne |
| gila | verrückt |
| gili, nusa, pulau | Insel |
| golongan | Gruppe |
| goréng | gebraten |
| gua | Höhle |
| gula | Zucker |
| gula gula | Bonbon |
| gula gula | Süßes |
| gunting | Schere |
| gunung | Berg |
| gunung api | Vulkan |
| guru | Lehrer, in |

H

| | |
|---|---|
| habis | aus, zu Ende |
| habis, selasai | Schluß |
| hadia | Geschenk |
| halus, tipis | dünn |
| hamil | schwanger |
| hampir | beinahe, fast |
| hampir | fast, beinahe |
| handuk | Handtuch |
| harap | hoffen |
| harga | Preis |
| hari | Tag |
| hari in | heute |
| hari jumat | Freitag |
| hari kamis | Donnerstag |
| hari minggu | Sonntag |
| hari rabu | Mittwoch |
| hari sabtu | Samstag |
| hari selasa | Dienstag |
| hari senén | Montag |
| harus | müssen |
| hati | Leber |
| haus | durstig |
| héran | Überraschung |
| hiasan | Schmuck |
| hidung | Nase |
| hijau | grün |
| hilang | verlieren |
| hilang | verschwinden |
| hitam | schwarz |
| hitung, menghitung | zählen |
| hotél, wisma | Hotel |
| hubungan cinta | Liebesverhältnis |
| hubungi | Kontakt |
| hujan | Regen, der |
| hutan | Wald |

I

| | |
|---|---|
| ibu | Mutter |
| ibu kota | Hauptstadt |
| ibu kunci | Schloß |
| ijin | Erlaubnis |
| ikan | Fisch |
| ikut | folgen |
| impor | importieren |
| importir | Importeur |
| inféksi | Infektion |
| ingat | erinnern |
| ingin | wünschen |
| ini | dies |
| inpluénza | Grippe |
| istiméwa | spezial |
| istri | Ehefrau |
| istriahat | ausruhen |
| itu | das |
| itu | jenes |

| | |
|---|---|
| **J** | |
| jalan | Straße |
| jalan, gang | Weg, der |
| jalan jalan | spazierengehen |
| jalan kaki | gehen (zu Fuß) |
| jalan kaki | laufen |
| jalan setapak | Fußweg |
| jam | Stunde |
| jam | Uhr, Stunde |
| janji | versprechen |
| janji | Versprechen |
| jatuh | fallen |
| jauh | entfernt |
| jauh | weit |
| jawab | Antwort |
| jelek | schlecht |
| jembatan | Brücke |
| jendéla | Fenster |
| Jérman barat | BRD |
| jeruk | Saft |
| jeruk asam | Limone |
| jeruk manis | Apfelsine |
| jual | verkaufen |
| juga | auch |
| jumlah | Menge |
| jumlah | Quantität |
| **K** | |
| kaca | Glas (Fenster-) |
| kaca mata | Brille |
| kacang | Erdnüsse |
| kadang-kadang | manchmal |
| kain | Stoff |
| kaki | Bein |
| kalah | verlieren (Spiel, Sport) |
| kalau | wenn, falls |
| kali, sungai | Fluß |
| kamar | Zimmer |
| kamar kecil | Toilette |
| kamar mandi | Badezimmer |
| kamar tidur | Schlafzimmer |
| kambing | Ziege |
| kanan | rechts |
| Kantor Immigrasi | Immigrations Büro |
| Kantor Pariwisata | Touristenbüro |
| Kantor pos | Post, Postgebäude |
| kapal laut | Schiff |
| kapal terbang | Flugzeug |
| kapan? | wann? |
| karang | Korallen |
| karcis | Fahrkarte |
| karéna itu | deshalb |
| kartu pos | Postkarte |
| kata | Wort |
| kawat | Telegramm |
| kawin | verheiratet |
| kawin, nikah | Heirat |
| kaya | reich |
| kayu | Holz |
| ke | nach (räumlich) |
| ke mana? | wohin, nach wo? |
| ke sana | dahin |
| kebangsaan | Nationalität |
| kebun | Garten |
| kebun binatang | Zoo |
| kecil | klein |
| kedutaan besar | Botschaft |
| kelapa | Kokosnuß |
| kelas | Klasse |
| kemarin | gestern |
| kembali | wiederkommen |
| kembali | zurückkommen |
| keméja | Bluse |
| keméja | Hemd |
| kepala | Kopf |
| kepala kampung | Dorfchef |
| kerang | Muscheln |
| keras | hart |
| kerbau | Büffel (Wasser-) |
| keréta | Wagen |
| keréta api | Zug |
| kering | trocken |
| kérja | Arbeit |
| kertas | Papier |
| ketawa | lachen |
| khabar | Nachricht |
| kilométer, kilo | Kilometer |
| kira | vermuten |
| kira-kira | ungefähr |
| kiri | links |
| kirim | senden, schicken |
| kiriman | Überweisung |
| kita, kami | wir |
| kolam berenang | Swimming pool |
| koléra | Cholera |
| kopi | Kaffee |
| korék api | Streichhölzer |
| kosong | leer |
| kota | Stadt |
| kota besar | Großstadt |
| kotak | Schachtel, Box |
| kotor | schmutzig |
| kuat | stark |
| kucing | Katze |

| | |
|---|---|
| kué | Kuchen |
| kulit | Haut |
| kunci | Schlüssel |
| kuning | gelb |
| kuno | antik, alt |
| kupu kupu | Schmetterling |
| kurang | minus |
| kurang baik | schlecht |
| kurangkan | reduziert |
| kurangkan | weniger |
| kursi | Stuhl |
| kwalitét | Qualität |

L

| | |
|---|---|
| labah-labah | Spinne |
| labuhan | Hafen |
| lagu | Lied |
| lahir | geboren |
| lain | andere, r, s |
| lain | anders |
| lain | unterschiedlich |
| lain | verschieden |
| laki | Mann |
| lalu | dann |
| lalu | dann |
| lalu | vor, vorbei (zeitl.) |
| lalu, kemudian | sodann |
| lama | lange |
| lampin, bedung | Windel |
| lampu | Lampe |
| langanan | Lieferant |
| langit | Himmel |
| langsung | direkt |
| langsung, terus | geradeaus |
| lapangan terbang | Flugplatz |
| lapar | hungrig |
| lari | rennen |
| laut | Meer |
| lebih baik | besser |
| lelah | müde |
| lemah | schwach |
| lemari | Schrank |
| lembaran | Blatt (Papier) |
| lengan | Arm |
| lewat | über |
| lewat | via |
| lidah | Zunge |
| lihat | sehen |
| lilin | Kerze |
| lobang | Loch |
| lokét | Kartenschalter |
| lombok | Chili |
| losmén | Pension |
| lucu | lustig |
| lukisan | Bilder |
| lukisan | Gemälde |
| lukisan | Malerei |
| lumpur | Matsche, Schlamm |
| lumpur | Schlamm, Matsche |
| lupa | vergessen |
| lusa | übermorgen |

M

| | |
|---|---|
| ma'af, permisi | Entschuldigung |
| mabuk | betrunken |
| macam | Art |
| madu | Honig |
| mahal | teuer |
| mahasiswa | Student, in |
| main | spielen |
| makan | essen |
| makanan | Essen, das |
| makanan | Speise |
| makanan malam | Abendessen |
| makanan pagi | Frühstück |
| makanan siang | Mittagessen |
| maksud | Absicht |
| malam | Abend |
| malam | Nacht |
| malaria | Malaria |
| malas | faul |
| mandi | baden |
| mangga | Mango |
| manggis | Mangosteen |
| manis | lieblich |
| manis | süß |
| marah | ärgern, sich |
| marah | zornig |
| mari | Bitte! |
| mas | Gold |
| masa depan | (in) Zukunft |
| masih lagi | noch mehr |
| masuk | eintreten |
| masuk angin | Erkältung |
| mata | Auge |
| mata air | Quelle (Wasser) |
| mata hari | Sonne |
| mata mata | Spion |
| mau | möchten |
| mau | wollen |
| méja | Tisch |
| melampini, membedung | wickeln |
| memakai | benutzen |

| | |
|---|---|
| membaca | lesen |
| membakar | brennen |
| memberi, beri | geben |
| membuaikan, berayun- ayun | wiegen,schaukeln |
| membuat, bikin | herstellen |
| membuat, bikin | machen |
| memilih | wählen |
| memotrét | fotografieren |
| memulai | anfangen |
| menangis | weinen |
| menari | tanzen |
| menarik | interessant |
| menawar | feilschen |
| menawar | handeln |
| menbungkus | verpacken |
| mencatat | eingeschrieben |
| mencium | riechen |
| mencoba | anprobieren |
| mencuci | entwickeln (Filme) |
| mencuci | waschen |
| mencuri | stehlen |
| mendapat | bekommen |
| mendapat | erhalten |
| mendapat | finden |
| mendapat bulan | Periode bekommen |
| mendengar | hören, zuhören |
| menelépon | telefonieren |
| menerangkan | erklären |
| menerima | erhalten |
| mengajar | lehren |
| mengangkut | verschiffen |
| mengapa, kenapa? | warum? |
| mengawin | heiraten |
| mengelus, elus | streicheln |
| mengérti | verstehen |
| mengira | meinen, denken |
| ménit | Minute |
| menjagakan, kasih bangun | wecken |
| menjawab | antworten |
| menjerit | schreien |
| mentéga | Butter |
| menulis | schreiben |
| ményemprot | sprühen |
| menyéwa | mieten |
| menyusui | stillen |
| mérah | rot |
| meréka | sie (plural |
| mérica, lada | Pfeffer |
| merindukan | sehnen (sich) |
| merodong | treffen |
| merokok | rauchen |
| mérpati | Taube |
| mésjid | Moschee |
| mie, bihun, bakmie | Nudeln |
| mimpi | träumen |
| minggu | Woche |
| minta | betteln |
| minta | bitten um |
| minum | trinken |
| minuman | Getränk |
| minyak | öl |
| miskin | arm (sein) |
| mobil | Auto |
| muda | jung |
| mudah | einfach |
| mudah | leicht, mühelos |
| muka | Gesicht |
| mulut | Mund |
| murah | billig |
| musim | Jahreszeit |
| musim | Saison |
| musim panas | Sommer |
| musim salju | Winter |
| musium | Museum |
| musuh | Feind |

## N

| | |
|---|---|
| naik | einsteigen |
| naik | fahren mit... |
| nakal | frech |
| nama | Name |
| nanas | Ananas |
| nangka | Jackfruit |
| nanti | bald |
| nanti | später |
| nasi | Reis |
| négara | Land, Stadt |
| nomor | Nummer |
| nomor paspor | Passnummer |
| Nona | Fräulein (Anrede) |
| nusa, gili, pulau | Insel |
| nyamuk | Mücke |
| nyanyi | singen |
| Nyonya | Frau (Anrede) |

## O

| | |
|---|---|
| obat | Medizin |
| ombak | Welle |
| orang | Mensch |
| orang asing | Fremder |
| otak | Gehirn |

| | |
|---|---|
| **P** | |
| pabrik | Fabrik |
| pagi | Morgen, der |
| pagi | morgens |
| pahit, tawar | bitter |
| pakaian | Kleidung |
| pakét | Päckchen |
| paling baik | besten, am |
| panas | heiß |
| panas | Hitze |
| panas | scharf |
| panas | warm |
| panggil | rufen |
| panjang | lang |
| pantai | Strand |
| pap | Brei (Kinder-) |
| pasar | Markt |
| patah | defekt |
| patah | gebrochen |
| pekérjaan | Beruf |
| pelan pelan | langsam |
| pelayan | Kellner |
| pencuri | Dieb, e, in |
| pencurian | Diebstahl |
| pendapat | Meinung |
| pengiriman | überweisen |
| pengiriman ékspéditir | Verschiffungsag. |
| penjahit | Schneider |
| pénting | wichtig |
| penuh | voll |
| penyusu | Amme |
| pepaya | Papaya |
| perak | Silber |
| perang | Krieg |
| perasaan | Gefühl |
| perbaiki | reparieren |
| perbandingan harga | Wechselkurs |
| percaya | glauben |
| perdamaian | Frieden |
| perémpuan, wanita | Frau, die |
| pergi | gehen, velassen |
| perlabuhan | Hafen |
| perlu | benötigen |
| permainan | Spiel |
| permulaan | Anfang |
| pernyataan cinta | Liebeserklärung |
| perut | Bauch |
| pikiran | Idee |
| pilem | Film |
| pintar | clever |
| pintar | klug |
| pintu | Tür |
| piring | Teller |
| pisang | Banane |
| pisau | Messer |
| pohon | Baum |
| polisi | Polizei |
| pompa bensin | Tankstelle |
| prakték | praktizieren |
| pukul, memukul | schlagen |
| pulang | heimgehen |
| pulau | Insel |
| puncak | Gipfel |
| punya | besitzen |
| punya | haben, besitzen |
| pusat | zentral |
| putih | weiß |
| **R** | |
| raja, ratu | König, in |
| rajin, giat | fleißig |
| ramai | hektisch |
| ramai | überfüllt |
| rambut | Haar |
| ramput | Gras |
| rébus | gekocht |
| rok | Kleid |
| rok | Rock |
| roti | Brot |
| rugi | schaden |
| rugi | Verlust |
| rumah | Haus |
| rumah makan | Restaurant |
| rumah sakit | Krankenhaus |
| rusak | ruiniert |
| **S** | |
| sabun | Seife |
| saja, hanya | nur |
| sakit | krank |
| sakit | Schmerz |
| salah | falsch |
| salju | Schnee, Eis |
| sampai | bis |
| sana | dort |
| sapi | Rind |
| (satu) kali | mal (ein-) |
| saudara | Bruder |
| saudara | Schwester |
| saudara | Sie (höflich) |
| saya | ich |
| sayur | Gemüse |
| sebab | weil |
| sebentar | gleich, später |

| | |
|---|---|
| sedap | herrlich |
| sedap, énak | köstlich |
| sedih | traurig |
| sedikit | ein bißchen |
| sedikit | wenig |
| segar | gesund |
| sehat | Gesundheit |
| sekali | sehr |
| sekerang | jetzt |
| selatan | Süden |
| selimut | Decke |
| semua | alle, es |
| semut | Ameise |
| sendiri | alleine |
| séndok | Löffel |
| sepatu | Schuh |
| sepéda | Fahrrad |
| sepéda motor | Motorrad |
| seperai | Bettlaken |
| seperti | gleich sein |
| sering | oft |
| sesudah | nachher, nachdem |
| setasiun | Station |
| setengah | halb |
| siang | Mittag |
| siapa? | welcher? |
| siapa? | wer? |
| silakan | Bitte! |
| sop, gulai, soto | Suppe |
| soré | Nachmittag |
| suami | Ehemann |
| sudah | schon |
| suka | mögen |
| sukar | schwierig |
| suntik | Injektion |
| surat | Brief |
| surat cinta | Liebesbrief |
| surat keterangan | Identifikationspapier |
| susu | Busen, Mutterbrust |
| susu | Milch |
| susu | Mutterbrust, Busen |
| susu kental | Milch (Kondens-) |

T

| | |
|---|---|
| tadi | früher |
| tahu, mengenal | kennen |
| tahu, mengenal | wissen, kennen |
| tahun | Jahr |
| taksi | Taxi |
| takut | ängstlich |
| tali | Seil |
| taman kanak kanak | Kindergarten |
| tambah | plus |
| tangan | Hand |
| tanggal | Datum |
| tanggal lahir | Geburtsdatum |
| tanpa | ohne |
| tanya | fragen |
| taplak méja | Tischtuch |
| tarian | Tanz |
| tas | Tasche |
| téh | Tee |
| télépon, talipun | Telefon |
| telinga | Ohr |
| teliti, tepat | genau |
| teluk | Bucht |
| telur | Ei |
| teman | Freund |
| tempat | Platz |
| tempat duduk | Sitzplatz |
| tempat lahir | Geburtsort |
| tempat tidur | Bett |
| tengah, antara | zwischen |
| teran | hell |
| terbuka, buka | offen |
| terima kasih | danke |
| terlalu (banyak) | zu (viel) |
| terus, langsung | geradeaus |
| tetapi | aber |
| tiap | jede, r, s |
| tiap hari | täglich |
| tiap kali | jedesmal |
| tiba-tiba | plötzlich |
| tidak | nein |
| tidak pernah | nie |
| tidur | schlafen |
| tikar | Matte |
| tikus | Maus, Ratte |
| tilgramm | Telegramm |
| timur | Osten |
| tinggal | bleiben |
| tinggal | leben, bleiben |
| tinggi | hoch |
| tiram | Auster |
| titip | deponieren |
| toko | Geschäft |
| toko | Laden |
| toko buku | Buchgeschäft |
| toko obat | Drogerie |
| toko potret | Fotogeschäft |
| tolong | Bitte! |
| tolong! | Hilfe! |
| topéng | Maske |
| tua, lama | alt |

| | |
|---|---|
| tuan | Herr |
| tubuh, badan | Körper |
| tukang potret | Fotograf |
| tukar | wechseln |
| tulang | Knochen |
| tulis | geschrieben |
| tumbuhan | Planze |
| tunggu | warten |
| turun | runtergehen |
| tutup | geschlossen |
| tuturan, cakap | Gespräch |

**U**

| | |
|---|---|
| uang | Geld |
| udang | Krabben |
| udang | Lobster |
| ukiran kayu | Holzschnitzerei |
| ular | Schlange |
| umur | Alter |
| untuk | für |
| untung | Profit |
| utara | Norden |

**W**

| | |
|---|---|
| waktu | Zeit, die |
| waktu puasa | Fastenzeit |
| warna | Farbe |
| warung | Essensstand |
| wisma | Gästhaus |

**Y**

| | |
|---|---|
| ya | ja |
| yang | welche, er, es |
| yang lalu, sebelum | vorher (zeitl.) |

## *Thailand*

Das beliebteste Reiseland Südost-Asiens zieht jährlich mehr und mehr Reisende in seinen Bann. Aber Thailand ist kein 'einfaches Reiseland'. Abseits der Hauptreiserouten spricht kaum jemand Englisch. Religion und Verhaltensregeln sind fremd, und es gibt so viel anzuschauen, daß man kaum weiß, wo man anfangen soll. Da bewährt sich ein zuverlässiges Reisehandbuch.

Rainer Krack

### *Bangkok und Umgebung*

Handbuch über eine der faszinierendsten Metropolen der Welt und die Sehenswürdigkeiten der Umgebung
Reihe "Reise Know-How"
288 Seiten plus 8 in Farbe
ISBN 3-89416-205-8, DM 26,80

Rainer Krack

### *Thailand-Handbuch*

für individuelles Reisen und Entdecken in ganz Thailand
Reihe "Reise Know-How"
504 Seiten plus 16 in Farbe,
ISBN 3-89416-171-X, DM 36,00

Rainer Krack

### *Phuket/Thailand*

Handbuch für die schönste der Trauminseln Thailands und deren Umgebung
Reihe "Reise Know-How"
264 Seiten plus 32 in Farbe
ISBN 3-89426-182-5, DM 29,80

# Deutsch – Indonesisch

| | |
|---|---|
| **A** | |
| abbiegen | belok |
| Abend | malam |
| Abendessen | makanan malam |
| aber | tetapi |
| abreisen | berangkat |
| Absicht | maksud |
| Adresse | alamat |
| ängstlich | takut |
| ärgern, sich | marah |
| Aerogramm | aérogramm |
| alle, es | semua |
| alleine | sendiri |
| alt | tua, lama |
| Alter | umur |
| Ameise | semut |
| Amme | penyusu |
| an | di |
| Ananas | nanas |
| andere, r, s | lain |
| anders | lain |
| Anfang | permulaan |
| anfangen | memulai |
| ankommen | datang |
| anprobieren | mencoba |
| antik, alt | kuno |
| Antwort | jawab |
| antworten | menjawab |
| Apfel | apél |
| Apfelsine | jeruk manis |
| Apotheke | apotik |
| Arbeit | kérja |
| arbeiten | bekerja |
| Arm | lengan |
| arm (sein) | miskin |
| Art | macam |
| auch | juga |
| auf | di |
| aufstehen | bangun |
| Auge | mata |
| aus, zu Ende | habis |
| ausruhen | istriahat |
| Auster | tiram |
| Auto | mobil |
| **B** | |
| Baby | bayi |
| baden | mandi |
| Badezimmer | kamar mandi |
| bald | nanti |
| Banane | pisang |
| Bank | bank |
| Batik | batik |
| Bauch | perut |
| Baum | pohon |
| bedeuten | arti, artinya |
| bei | di |
| Bein | kaki |
| beinahe, fast | hampir |
| Beispiel | contoh |
| bekommen | mendapat |
| benötigen | perlu |
| benutzen | memakai |
| bequem | énak |
| Berg | gunung |
| Beruf | pekérjaan |
| besitzen | punya |
| besser | lebih baik |
| besten, am | paling baik |
| betrunken | mabuk |
| Bett | tempat tidur |
| betteln | minta |
| Bettlaken | seperai |
| bezahlen | bayar |
| Bier | bir |
| Bilder | lukisan |
| billig | murah |
| bis | sampai |
| Bitte! | mari |
| Bitte! | silakan |
| Bitte! | tolong |
| bitten um | minta |
| bitter | pahit, tawar |
| Blatt (Papier) | lembaran |
| Blatt (Pflanze) | daun |
| blau | biru |
| bleiben | tinggal |
| Blume | bunga |
| Bluse | keméja |
| Blut | darah |
| Bonbon | gula gula |
| Botschaft | kedutaan besar |
| braun | coklat |
| BRD | Jérman barat |
| Brei (Kinder-) | pap |
| Brei (Reis-) | bubur nasi |

| | |
|---|---|
| brennen | membakar |
| Brief | surat |
| Brille | kaca mata |
| Brot | roti |
| Bruder | saudara |
| Brücke | jembatan |
| Buch | buku |
| Buchgeschäft | toko buku |
| Bucht | teluk |
| Büffel (Wasser-) | kerbau |
| Bus | bis |
| Busen, Mutterbrust | susu |
| Butter | mentéga |

C

| | |
|---|---|
| Chili | lombok |
| Cholera | koléra |
| clever | pintar |

D

| | |
|---|---|
| dahin | ke sana |
| daneben | disebelah |
| danke | terima kasih |
| dann | lalu |
| dann | lalu |
| das | itu |
| Datum | tanggal |
| Decke | selimut |
| defekt | patah |
| denken | berfikir |
| deponieren | titip |
| deshalb | karéna itu |
| dick | gemuk |
| Dieb, e, in | pencuri |
| Diebstahl | pencurian |
| Dienstag | hari selasa |
| dies | ini |
| direkt | langsung |
| Doktor | doktér |
| Donnerstag | hari kamis |
| Dorf | désa, kampung |
| Dorfchef | kepala kampung |
| dort | sana |
| dort hinten | di sana |
| draußen | di luar |
| drinnen | di dalam |
| Drogerie | toko obat |
| dünn | halus, tipis |
| dürfen | boléh |
| dunkel | gelap |
| Durchfall | berak-berak |
| Durian | durian |
| durstig | haus |

E

| | |
|---|---|
| eben, flach | datar |
| Ehefrau | istri |
| Ehemann | suami |
| Ei | telur |
| ein bißchen | sedikit |
| einfach | mudah |
| eingeschrieben | mencatat |
| einsteigen | naik |
| eintreten | masuk |
| Eis | és |
| Elfenbein | gading |
| Ende | achir |
| Ente | bébék |
| entfernt | jauh |
| Entschuldigung | ma'af, permisi |
| entwickeln (Filme) | mencuci |
| er, sie, es | dia |
| Erdbeere | arbai, arbén |
| Erdnüsse | kacang |
| erhalten | mendapat |
| erhalten | menerima |
| erinnern | ingat |
| Erkältung | masuk angin |
| erklären | menerangkan |
| Erlaubnis | ijin |
| erlaubt | boléh |
| erzählen | bilang |
| essen | makan |
| Essen, das | makanan |
| Essensstand | warung |
| Exporteur | éksportir |
| exportieren | ékspor |
| Express | ékspréss |

F

| | |
|---|---|
| Fabrik | pabrik |
| fahren mit... | naik |
| Fahrkarte | karcis |
| Fahrrad | sepéda |
| fallen | jatuh |
| falsch | salah |
| Farbe | warna |
| fast, beinahe | hampir |
| fasten | berpuasa |
| Fastenzeit | waktu puasa |
| faul | malas |
| feilschen | menawar |
| Feind | musuh |
| Fels, Stein | batu |

| | |
|---|---|
| Fenster | jendéla |
| Feuer | api |
| Fieber | demam |
| Film | pilem |
| finden | mendapat |
| Finger | djari |
| Fisch | ikan |
| flach, eben | datar |
| Flasche | botol |
| Fleisch | daging |
| fleißig | rajin, giat |
| Flugplatz | lapangan terbang |
| Flugzeug | kapal terbang |
| Fluß | kali, sungai |
| folgen | ikut |
| Fotoapparat | alat potret |
| Fotogeschäft | toko potret |
| Fotograf | tukang potret |
| fotografieren | memotrét |
| Fräulein (Anrede) | Nona |
| fragen | tanya |
| Frau (Anrede) | Nyonya |
| Frau, die | perémpuan, wanita |
| frech | nakal |
| Freitag | hari jumat |
| Fremder | orang asing |
| Freund | teman |
| Frieden | perdamaian |
| fröhlich | gembira, riang |
| Fruchtsalat | buah buahan |
| Früchte | buah |
| früher | tadi |
| Frühstück | makanan pagi |
| führen | antar |
| für | untuk |
| Fußweg | jalan setapak |

G

| | |
|---|---|
| Gabel | garpu |
| Gästhaus | wisma |
| Gang | gang |
| Garten | kebun |
| Gasse | gang |
| geben | beri, memberi |
| geben | memberi, beri |
| geboren | lahir |
| gebraten | goréng |
| gebrochen | patah |
| Geburtsdatum | tanggal lahir |
| Geburtsort | tempat lahir |
| gefährlich | berhaya |
| Gefahr | bahaya |
| Gefühl | perasaan |
| gehen, velassen | pergi |
| gehen (zu Fuß) | jalan kaki |
| Gehirn | otak |
| gekocht | rébus |
| gelb | kuning |
| Geld | uang |
| gemacht | dibuat |
| Gemälde | lukisan |
| Gemüse | sayur |
| genau | teliti, tepat |
| genug | cukup |
| geradeaus | langsung, terus |
| geradeaus | terus, langsung |
| Geschäft | toko |
| geschäftlich | dagang |
| Geschenk | hadia |
| geschieden | cerai |
| geschlossen | tutup |
| geschrieben | tulis |
| Gesicht | muka |
| Gespräch | cakap, tuturan |
| Gespräch | tuturan, cakap |
| gestern | kemarin |
| gesund | segar |
| Gesundheit | sehat |
| Getränk | minuman |
| gewöhnlich | biasa |
| gibt es | ada |
| Gipfel | puncak |
| Glas (Fenster-) | kaca |
| Glas (Trink-) | gelas |
| glauben | percaya |
| gleich sein | seperti |
| gleich, später | sebentar |
| Gold | mas |
| Gras | ramput |
| Grippe | inpluénza |
| groß | besar |
| Großstadt | kota besar |
| grün | hijau |
| Gruppe | golongan |
| gut | bagus, baik |

H

| | |
|---|---|
| Haar | rambut |
| haben, besitzen | punya |
| Hafen | labuhan |
| Hafen | perlabuhan |
| halb | setengah |
| Hand | tangan |
| handeln | menawar |

| | |
|---|---|
| Handtuch | handuk |
| hart | keras |
| Hauptstadt | ibu kota |
| Haus | rumah |
| Haut | kulit |
| heimgehen | pulang |
| Heirat | kawin, nikah |
| heiraten | mengawin |
| heiß | panas |
| hektisch | ramai |
| hell | teran |
| Hemd | keméja |
| hergestellt | dibuat |
| Herr | tuan |
| herrlich | sedap |
| herstellen | membuat, bikin |
| heute | hari in |
| hier | di sini |
| Hilfe! | tolong! |
| Himmel | langit |
| hinten | di belakang |
| Hitze | panas |
| hoch | tinggi |
| Höhle | gua |
| hören, zuhören | mendengar |
| hoffen | harap |
| Holz | kayu |
| Holzschnitzerei | ukiran kayu |
| Honig | madu |
| Hose | celana |
| Hotel | hotél, wisma |
| Hügel | bukit |
| Hühnerfleisch | daging ayam |
| Huhn | ayam |
| Hund | anjing |
| hungrig | lapar |

I

| | |
|---|---|
| ich | saya |
| Idee | pikiran |
| Identifikationspapier | surat keterangan |
| (im) Moment | baru saja |
| Immigrations Büro | Kantor Immigrasi |
| Importeur | importir |
| importieren | impor |
| (in) Zukunft | masa depan |
| Infektion | inféksi |
| Injektion | suntik |
| Insel | gili, nusa, pulau |
| Insel | nusa, gili, pulau |
| Insel | pulau |
| interessant | menarik |

J

| | |
|---|---|
| ja | ya |
| Jackfruit | nangka |
| Jahr | tahun |
| Jahreszeit | musim |
| jede, r, s | tiap |
| jedesmal | tiap kali |
| jenes | itu |
| jetzt | sekerang |
| jung | muda |

K

| | |
|---|---|
| Kaffee | kopi |
| kalt | dingin |
| Kartenschalter | lokét |
| Katze | kucing |
| kaufen | beli, membeli |
| kein, e, er | bukan |
| Kellner | pelayan |
| kennen | tahu, mengenal |
| Kerze | lilin |
| Kilometer | kilométer, kilo |
| Kind | anak |
| Kinderarzt | dokter kanak kanak |
| Kindergarten | taman kanak kanak |
| Kindermädchen | babu anak |
| Kino | bioskop |
| Kissen | bantal |
| Klasse | kelas |
| Kleid | rok |
| Kleidung | pakaian |
| klein | kecil |
| klug | pintar |
| Knochen | tulang |
| König, in | raja, ratu |
| können | bisa |
| Körper | tubuh, badan |
| köstlich | sedap, énak |
| Kokosnuß | kelapa |
| komfortabel | énak |
| kommen | datang |
| Kontakt | hubungi |
| Kopf | kepala |
| Korallen | karang |
| kosten (wieviel) | berapa harga? |
| Krabben | udang |
| krank | sakit |
| Krankenhaus | rumah sakit |
| Krieg | perang |
| Krokodil | buaya laut |
| Kuchen | kué |
| Küche | dapur |

| | |
|---|---|
| küssen | cium, kecup |

L

| | |
|---|---|
| lachen | ketawa |
| Laden | toko |
| Lamm | domba |
| Lampe | lampu |
| Land, Stadt | négara |
| lang | panjang |
| lange | lama |
| langsam | pelan pelan |
| laufen | jalan kaki |
| leben, bleiben | tinggal |
| Leber | hati |
| Lederwaren | barang barang kulit |
| leer | kosong |
| lehren | mengajar |
| Lehrer, in | guru |
| leicht, mühelos | mudah |
| lesen | membaca |
| Liebe | cinta |
| Liebesbrief | surat cinta |
| Liebeserklärung | pernyataan cinta |
| Liebesverhältnis | hubungan cinta |
| lieblich | manis |
| Lied | lagu |
| Lieferant | langanan |
| Limone | jeruk asam |
| links | kiri |
| Lippen | bibir |
| Lobster | udang |
| Loch | lobang |
| Löffel | séndok |
| Lohn | gadji |
| lustig | lucu |

M

| | |
|---|---|
| machen | membuat, bikin |
| Mädchen | gadis |
| mal (ein-) | (satu) kali |
| Malaria | malaria |
| Malerei | lukisan |
| manchmal | kadang-kadang |
| Mango | mangga |
| Mangosteen | manggis |
| Mann | laki |
| Markt | pasar |
| Maske | topéng |
| Matsche, Schlamm | lumpur |
| Matte | tikar |
| Maus, Ratte | tikus |
| Medizin | obat |
| Meer | laut |
| meinen, denken | mengira |
| Meinung | pendapat |
| Menge | jumlah |
| Mensch | orang |
| Messer | pisau |
| mieten | menyéwa |
| Milch | susu |
| Milch (Kondens-) | susu kental |
| Milch (Mutter-) | air susu |
| minus | kurang |
| Minute | ménit |
| mit | dengan |
| Mittag | siang |
| Mittagessen | makanan siang |
| Mitte | ditengah |
| Mittwoch | hari rabu |
| möchten | mau |
| mögen | suka |
| möglich sein | boléh |
| Monat | bulan |
| Mond | bulan |
| Montag | hari senén |
| morgen | bésok |
| Morgen, der | pagi |
| morgens | pagi |
| Moschee | mésjid |
| Motorrad | sepéda motor |
| Mücke | nyamuk |
| müde | lelah |
| müssen | harus |
| Mund | mulut |
| Muscheln | kerang |
| Museum | musium |
| Muster, Beispiel | contoh |
| mutig | berani |
| Mutter | ibu |
| Mutterbrust, Busen | susu |
| Muttersprache | bahasa ibu |

N

| | |
|---|---|
| nach (räumlich) | ke |
| nachher, nachdem | sesudah |
| Nachmittag | soré |
| Nachricht | khabar |
| Nacht | malam |
| Nachtbus | bis malam |
| nah | dekat |
| Name | nama |
| Nase | hidung |
| naß | basah |
| Nationalität | kebangsaan |

| | |
|---|---|
| nebenan | disebelah |
| nehmen | ambil |
| nein | tidak |
| nett | baik |
| neu | baru |
| nie | tidak pernah |
| noch mehr | masih lagi |
| noch nicht | belum |
| Norden | utara |
| normal, üblich | biasa |
| Notdurft verrichten | buang |
| Nudeln | mie, bihun, bakmie |
| Nummer | nomor |
| nur | saja, hanya |

**O**

| | |
|---|---|
| oben | atas |
| Obst (sorten) | buah buahan |
| oder | atau |
| öffnen | buka, membuka |
| öl | minyak |
| offen | buka, terbuka |
| offen | terbuka, buka |
| oft | sering |
| ohne | tanpa |
| Ohr | telinga |
| Osten | timur |

**P**

| | |
|---|---|
| Päckchen | pakét |
| Paket | bungkus |
| Papaya | pepaya |
| Papier | kertas |
| Passnummer | nomor paspor |
| Pension | losmén |
| Periode bekommen | mendapat bulan |
| Pfeffer | mérica, lada |
| Planze | tumbuhan |
| Platz | tempat |
| plötzlich | tiba-tiba |
| plus | tambah |
| Polizei | polisi |
| Post, Postgebäude | Kantor pos |
| Postkarte | kartu pos |
| praktizieren | prakték |
| Preis | harga |
| Profit | untung |

**Q**

| | |
|---|---|
| Qualität | kwalitét |
| Quantität | jumlah |
| Quelle (Wasser) | mata air |

**R**

| | |
|---|---|
| rauchen | merokok |
| rechts | kanan |
| reden | bicara, berbicara |
| reduziert | kurangkan |
| Regen, der | hujan |
| reich | kaya |
| Reis | nasi |
| Religion | agama |
| rennen | lari |
| reparieren | perbaiki |
| Restaurant | rumah makan |
| richtig | betul |
| riechen | mencium |
| Rikscha | bécak |
| Rind | sapi |
| Rindfleisch | daging sapi |
| Rock | rok |
| rot | mérah |
| rufen | panggil |
| ruhelos | gelisah |
| ruiniert | rusak |
| rumreisen | berkeliling |
| runtergehen | turun |

**S**

| | |
|---|---|
| Säugling | anak susuan |
| Saft | jeruk |
| sagen | berkata |
| Saison | musim |
| Salz | garam |
| Samstag | hari sabtu |
| saubermachen | bikin bersih |
| sauer | asam |
| Schachtel, Box | kotak |
| schaden | rugi |
| scharf | panas |
| scheiden lassen | cerai |
| Schere | gunting |
| Schiff | kapal laut |
| schlafen | tidur |
| Schlafzimmer | kamar tidur |
| schlagen | pukul, memukul |
| Schlamm, Matsche | lumpur |
| Schlange | ular |
| schlecht | jelek |
| schlecht | kurang baik |
| Schloß | ibu kunci |
| Schlüssel | kunci |
| Schluß | habis, selasai |
| Schmerz | sakit |
| Schmetterling | kupu kupu |

| | |
|---|---|
| Schmuck | hiasan |
| schmutzig | kotor |
| Schnee, Eis | salju |
| Schneider | penjahit |
| schnell | cepat |
| schön (b. Dingen) | baik, bagus, indah |
| schön (b. Frauen) | cantik |
| schon | sudah |
| Schrank | lemari |
| schreiben | menulis |
| schreien | menjerit |
| Schuh | sepatu |
| schwach | lemah |
| schwanger | hamil |
| schwarz | hitam |
| Schwein | babi |
| Schweinefleisch | daging babi |
| schwer | berat |
| Schwester | saudara |
| schwierig | sukar |
| schwimmen | berenang |
| See | danau |
| sehen | lihat |
| sehnen (sich) | merindukan |
| sehr | sekali |
| Seife | sabun |
| Seil | tali |
| senden, schicken | kirim |
| setzen | duduk |
| Shorts | celana pendek |
| sicher sein | aman |
| Sie (höflich) | saudara |
| sie (plural | meréka |
| sie (singular) | dia |
| Silber | perak |
| singen | nyanyi |
| Sitzplatz | tempat duduk |
| sodann | lalu, kemudian |
| Sommer | musim panas |
| Sonne | mata hari |
| Sonntag | hari minggu |
| später | nanti |
| spazierengehen | jalan jalan |
| Speise | makanan |
| Speisekarte | daftar makanan |
| spezial | istiméwa |
| Spiel | permainan |
| spielen | main |
| Spinne | labah-labah |
| Spion | mata mata |
| Sprache | bahasa |
| sprechen | bicara |
| sprühen | ményemprot |
| Stadt | kota |
| stark | kuat |
| Station | setasiun |
| stehlen | mencuri |
| steil, aufsteigend | curam |
| Stein | batu |
| Stern | bintang |
| stillen | menyusui |
| Stoff | kain |
| stoppen | berhenti |
| Strand | pantai |
| Straße | jalan |
| streicheln | mengelus, elus |
| Streichhölzer | korék api |
| Strömung | arus |
| Student, in | mahasiswa |
| Stuhl | kursi |
| Stunde | jam |
| suchen | cari, mencari |
| Süden | selatan |
| süß | manis |
| Süßes | gula gula |
| Suppe | sop, gulai, soto |
| Swimming pool | kolam berenang |

**T**

| | |
|---|---|
| täglich | tiap hari |
| Tag | hari |
| Tankstelle | pompa bensin |
| Tanz | tarian |
| tanzen | menari |
| Tasche | tas |
| Tasse | cangkir |
| Taube | mérpati |
| Taxi | taksi |
| Tee | téh |
| Telefon | télépon, talipun |
| telefonieren | menelépon |
| Telegramm | kawat |
| Telegramm | tilgramm |
| Teller | piring |
| Tempel | candi |
| Terretorium | daérah |
| teuer | mahal |
| Theater | gedung sandiwara |
| Tier | binatang |
| Tisch | méja |
| Tischtuch | taplak méja |
| Tochter | anak perempuan |
| Toilette | kamar kecil |
| Touristenbüro | Kantor Pariwisata |

| | |
|---|---|
| Tradition | adat |
| Träne | air mata |
| träumen | mimpi |
| tragen | bawa, membawa |
| traurig | sedih |
| treffen | merodong |
| trinken | minum |
| Trinkwasser | air putih |
| trocken | kering |
| Tür | pintu |

**U**

| | |
|---|---|
| über | lewat |
| überfüllt | ramai |
| übermorgen | lusa |
| Überraschung | héran |
| überweisen | pengiriman |
| Überweisung | kiriman |
| Uhr (Armband-) | arloji |
| Uhr, Stunde | jam |
| und | dan |
| ungefähr | kira-kira |
| unten | bawah |
| unterschiedlich | lain |
| ursprünglich | asal, asli |

**V**

| | |
|---|---|
| Vater | ayah |
| Vater (Anrede) | bapak |
| verboten | dilarang |
| verboten | dilarang |
| verboten | dilarang |
| Verdienst | gadji |
| vergessen | lupa |
| verheiratet | kawin |
| verkaufen | jual |
| verlassen | berangkat |
| verlieren | hilang |
| verlieren (Spiel, Sport) | kalah |
| Verlust | rugi |
| vermuten | kira |
| verpacken | menbungkus |
| verrückt | gila |
| verschieden | lain |
| verschiffen | mengangkut |
| Verschiffungsag. | pengiriman ékspéditir |
| verschwinden | hilang |
| Versicherung | asuransi |
| versprechen | janji |
| Versprechen | janji |
| verstehen | mengérti |
| via | lewat |
| viel, e, es | banyak |
| vielleicht | berangkali, kira kira |
| Vogel | burung |
| voll | penuh |
| von (örtl.) | dari |
| vor (räuml.) | dimuka |
| vor, vorbei (zeitl.) | lalu |
| vorher (zeitl.) | yang lalu, sebelum |
| Vorsicht | awas |
| Vulkan | gunung api |

**W**

| | |
|---|---|
| wählen | memilih |
| Wagen | keréta |
| Wald | hutan |
| wann? | kapan? |
| warm | panas |
| warten | tunggu |
| warum? | mengapa, kenapa? |
| was? | apa? |
| waschen | mencuci |
| Wasser | air |
| Wasserfall | air terjun |
| Wechselkurs | perbandingan harga |
| wechseln | tukar |
| wecken | menjagakan, kasih bangun |
| Weg, der | jalan, gang |
| weil | sebab |
| weinen | menangis |
| weiß | putih |
| weit | jauh |
| welche, er, es | yang |
| welcher? | siapa? |
| Welle | ombak |
| Welt, die | dunia |
| wenig | sedikit |
| weniger | kurangkan |
| wenn, falls | kalau |
| wer? | siapa? |
| werden | akan |
| Westen | barat |
| wichtig | pénting |
| wickeln | melampini, membedung |
| wie? | bagaimana? |
| wiederkommen | kembali |
| wiederrufen | batal |
| Wiege | buaian, bergoyong |
| wiegen schaukeln | membuaikan, berayun- ayun |
| wieviel? | berapa? |
| Wind | angin |
| Windel | lampin, bedung |

| | |
|---|---|
| Windelkind | anak bendungen |
| Windeln | bedung, lampin |
| Winter | musim salju |
| wir | kita, kami |
| wissen, kennen | tahu, mengenal |
| wo? | dimana? |
| Woche | minggu |
| wohin, nach wo? | ke mana? |
| wohlschmeckend | énak |
| Wolken | awan |
| wollen | mau |
| Wort | kata |
| wünschen | ingin |

## Z

| | |
|---|---|
| zählen | hitung, menghitung |
| Zähne | gigi |
| Zeit, die | waktu |
| zentral | pusat |
| Ziege | kambing |
| Zimmer | kamar |
| Zoo | kebun binatang |
| zornig | marah |
| zu (viel) | terlalu (banyak) |
| Zucker | gula |
| Zug | keréta api |
| Zunge | lidah |
| zurückkommen | kembali |
| Zweigstelle | cabang |
| zwischen | tengah, antara |

ER
GÄN
ZUN
GEN

ER
GÄN
ZUN
GEN

ER
GÄN
ZUN
GEN

ER
GÄN
ZUN
GEN

ER
GÄN
ZUN
GEN

ERGÄNZUNGEN

RUMAH MAKAN TERMINAL
JL. HATTA

ERGÄNZUNGEN

7⁰⁰

Terminal BisVe

Mom.

**_Wichtige Verhaltensregeln für den Reisenden in islamischen Gebieten_**

Das *Essen von Schweinefleisch* ist laut Koran verboten. Nötige keinen Mohammedaner z. B. in einem chinesischen Restaurant zu essen. Wenn Du einem Moslem ein Essen spendieren willst, laß ihn das Restaurant aussuchen. Das gleiche gilt für das Trinken von alkoholischen Getränken.

Die *linke Hand ist unrein* (man reinigt sich mit ihr z.B. auf der Toilette). Gebe nie zum Gruße die linke Hand (Beleidigung). Wenn mit Fingern gegessen wird, lege Deine linke Hand in den Schoß und vergiß sie.

So zu sitzen, daß Dein Gegenüber Deine *Fußsohlen* sieht, ist höchst unfein und beleidigend. Angebracht ist der *„Schneidersitz"*. Füße auf den Tisch zu legen ist ein Affront.

*Respektiere die Gebetszeiten!* Besuche Fremde stets vor 18.00 Uhr (Zeit des Abendgebetes).

Zur Zeit des *Fastenmonats* esse oder rauche nicht in Gegenwart von Moslems. Das ist ihnen von 6.00 – 18.00 Uhr untersagt.

*Bekleidung:* Als unmoralisch gelten bei Männern: kurze Hosen, bloßer Oberkörper; bei Frauen: keinen BH zu tragen, kurze Hosen (überhaupt ist das Bein ab Knie tabu), „Oben-ohne"-Baden ist völlig unmöglich.

Sich in der Öffentlichkeit oder während eines Besuches zu *küssen, zu umarmen oder zu streicheln*, selbst „Händchenhalten" ist verboten. Verheiratet zu sein und keine Kinder haben wollen, wird kein Mohammedaner verstehen. Man verliert an Respekt. Sage entweder, Du hast *noch* keine Kinder (erst seit 3 Monaten verheiratet) oder aber Du hast sie zu Hause gelassen, bei der Familie.

Zu behaupten nicht an einen Gott zu glauben, ist ebenfalls ein „Faux pas". Außerdem gerät man leicht in den Verdacht Kommunist zu sein.

Während man den Koran liest, wird nicht getrunken oder geraucht, *lege nie ein anderes Buch auf den Koran.* Ziehe die Schuhe aus und wasche Deine Füße, wenn ein Behältnis dafür am Eingang steht, bevor Du eine Moschee betrittst, aber auch wenn Du das Privathaus einer Person betrittst.

**_Besonderheiten des „Indonesischen Islam"_**

Schon am Beispiel des *balinesischen* Hinduismus konnte man sehen, daß Indonesier nicht gewillt oder nicht in der Lage sind, Religionen rein und unumgeformt zu übernehmen. Sie haben es immer verstanden Religionen wie Buddhismus, Hinduismus, Islam aber auch Christentum für ihre ganz speziellen Bedürfnisse und Vorstellungen umzuformen. Das starke Verwurzeltsein im Animismus, der Glaube an Dämonen, beseelte Natur, schwarze und weiße Magie hat hier jeder Religion ihren ganz speziellen Stempel aufgedrückt. (In *Denpasar*, Bali, gibt es z. B. eine kath. Kirche, die im balinesischen Tempelstil erbaut wurde, mit Sarong tragenden Engeln und Wächterdämonen). Der *Adat*, das traditionelle Dorfgesetz, tut ein übriges.

So hat auch der *indonesische Islam* ganz spezielle Besonderheiten: Die indonesische Frau ist gleichberechtigter (sozial, wirtschaftlich und politisch), als in allen anderen mohammedanischen Staaten. Das Tragen eines Schleiers ist unbekannt. Wenn ein Mann mehr als *eine* Frau heiraten will (nach dem Koran darf ein Mann bis zu 4, in Indonesien maximal zwei Frauen haben), ist dies nur möglich, wenn seine erste Frau damit einverstanden ist.

Frauen sind in Indonesien nicht Menschen zweiter Klasse, wie in anderen, konservativen Islam-Staaten, was durch das ehedem in Indonesien weitverbreitete *Matriarchat* bedingt ist, das auch heute noch in vielen Familien vorherrscht. Es gibt hin und wieder sogar eigens für Frauen gebaute Moscheen.

Speziell auf Lombok gibt es sogar eine hinduistisch-islamische Mischreligion, die sonst auf der ganzen Welt nicht vorkommt, die „*Wetu Telu*".

Auch verschiedene Wörter weisen deutlich auf die buddhistisch-hinduistische Religion früherer Zeit. Zum Beispiel ist das Wort „*Puasa*" (indonesisches Wort für die mohammedanische Fastenzeit) ein Sanskritwort, das auch heute noch in Indien gebraucht wird. Oder „*sembahyang*" (= indones. beten), dessen Stamm das buddhistische „sembah" ist, das die Geste beschreibt, die vor und nach Gebeten gemacht wird, die Handflächen zusammenlegen und mit den Fingerspitzen Stirn, Mund oder Brust berühren.

(aus: **"BALI+LOMBOK"**)

# *Balis Götter in Stein*

Kunstvoll gemeißelte Sandsteinfiguren - ein außergewöhnlicher Schmuck für Garten und repräsentativen Wohnraum. Ca. 150 Einzelstücke zur Auswahl, 80-120 cm Höhe.

• Prospekt erhältlich bei: Raulfs und Rump GbR., Dorfstr. 18, 54649 Mauel

Foto: Hanuman, Höhe 120 cm

# Die Autorin

**Gunda Urban**, Jahrgang 1956, studierte an der FH Bielefeld Foto/Film-Design. 1982 reiste sie zum ersten Mal nach Indonesien. Da die Reiseroute hauptsächlich durch von Touristen nicht bereiste Gebiete der Kleinen Sunda-Inseln führte, wo kaum jemand Englisch sprach, sie sich aber trotzdem verständlich machen wollte, blieb ihr nichts anderes übrig, als Indonesisch zu lernen. Seitdem sie die Sprache spricht, reist sie jährlich mehrere Monate durch Indonesien.

Anderen Reisenden das Erlernen der Sprache zu erleichtern, war ihre Intention, als sie begann, dieses Sprachbuch zu schreiben.

Peter Rump, Autor, des Reisehandbuches Bali & Lombok nahm die Idee auf und konzipierte die Reihe Kauderwelsch. "Indonesisch für Globetrotter" war der erste Band der mittlerweile 70 Bände umfassenden Reihe

Gunda und Peter freuen sich über Kritik und Verbesserungsvorschläge. Man erreicht sie entweder in Bielefeld oder in ihrem Häuschen auf Bali. Das steht auf dem Gelände von "Pugig's Homestay", Penestanan, Ubud, Bali.

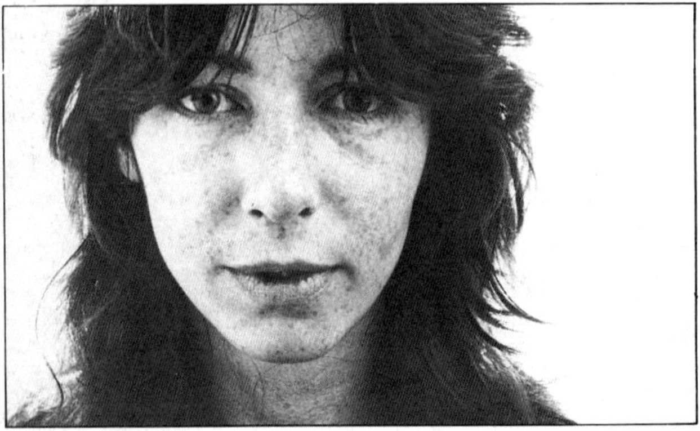

FOTO: Andreas Deffner